Para

_____

De

_____

Fecha

_____

Las Fortalezas Mentales

(Diferenciando entre fortaleza mental, trastorno mental y fortaleza demoniaca)

Apóstol Dr. Mario H. Rivera

&

Pastora Luz Rivera

Publicado por
LAC Publications
Derechos reservados

© 2025 LAC Publication (Spanish Edition)
Primera Edición 2025
© 2025 Mario H. Rivera y Luz Rivera
Todos los derechos reservados.

ISBN: 979-8-985-92827-3

© Mario H. Rivera y Luz Rivera
Reservados todos los derechos

Ninguna porción ni parte de esta obra se puede reproducir, ni guardar en un sistema de almacenamiento de información, ni transmitir en ninguna forma por ningún medio (electrónico, mecánico, de fotocopias, grabación, etc.) sin el permiso previo de los editores. La única excepción es en breves citas en reseñas impresas.

Impreso en USA (Printed in USA)
Categoría: Guerra Espiritual

Índice

1 Capítulo

Preparadores de Las Fortalezas

- Significado de los apegos de las tinieblas
- Los apegos del diablo
- Los apegos positivos y los apegos negativos o de las tinieblas
- Los apegos: preparadores de fortalezas
- Definición de fortaleza mental
- El derecho legal
- Diferencia gráfica entre un cerebro y la mente
- Diferencia entre trastornos y demonios

2 Capítulo

Los 7 Niveles de Apego de Las Tinieblas

- Los apegos
- El proyecto opresión
- La etimología de palabras
- Fortaleza mental
- El factor de lo psicológico

- Los 7 niveles de apego de las tinieblas

3 Capítulo

Las 7 Principales Fortalezas Mentales

- Las fases de una fortaleza
- La operación de apego de las tinieblas
- El proyecto opresión
- Los vencedores de la fortaleza mental
- Las 7 clases de fortalezas básicas
- Primera fortaleza: el temor
- Segunda fortaleza: la ira
- Tercera fortaleza: el rechazo
- Cuarta fortaleza: la depresión
- Quinta fortaleza: odiarse a sí mismo
- Sexta fortaleza: el abuso
- Séptima fortaleza: la negatividad

4 Capítulo

Las Fortalezas y Los Trastornos Mentales

- Reconociendo la diferencia entre cerebro y mente
- Diferencia entre trastorno, fortaleza y demonio
- Los apegos: preparadores de fortalezas

- Diferencia entre trastornos y demonios
- ¿Cómo opera una fortaleza mental?
- Definición de opresión
- Apego de las tinieblas u opresión

5 Capítulo

La Proactividad de Dios Contra Los 7 Niveles de La Opresión Mental

- La opresión mental
- La psicología del temor
- Otras áreas que afectan la psicología del temor
- Definición de opresión

6 Capítulo

El Proceso Conceptual de Las Fortalezas Psicológicas Antes de Llegar a Ser Espirituales

- Desarrollo conceptual de una fortaleza
- Fortalezas
- Simbolismo de fortalezas
- La fortaleza psicológica
- La fortaleza y las actitudes
- El autismo espiritual

- Los efectos de fortalezas mentales
- El modus operandis de un espíritu formando una fortaleza mental
- Las consecuencias de la fortaleza psicológica
- Dialogismo negativo de la fortaleza psicológica
- Ecuación del pasado negativo

7 Capítulo

Realidades al no Cambiar Mis Repeticiones Mentales

- La generación que no cambió su mente
- Pensamiento que te define
- Las enfermedades mentales
- Las repeticiones que transforman
- La humanidad que no cambio su mente

Capítulo 8

La Salud de La Mente – La Riqueza Interior En El Alma

- Es una necesidad olvidar
- Las memorias de Dios
- Lo que Dios recuerda
- Lo que Dios olvida
- Recordándole a Dios
- Anotador para ser recordados
- El poder de recordar y olvidar como Dios
- El pasado es borrado completamente
- El pasado aminorado (paleativo)
- El pasado que va cambiando progresivamente
- El poder de la escritura
- El poder de la visión escrita
- El poder de la escritura
- Las capacidades de retención y cambio de mentalidad

9   Capítulo

Aprendiendo a Usar La Menta Para Saber Manejar Mi Manera de Pensar

- Memorias y repeticiones
- La transformación de la mente
- ¿Por qué se forman las batallas de la mente?
- El poder de repasar o reflexionar
- La cartografía de la mente
- Repasar: escudriñar, examinar, reflexionar
- La ciencia del pensamiento

10 Capítulo

Accionar en La Base de Todo Lo Aprendido

- ¿Por qué 21 días?
- 21 días y 5 los pasos de la transformación de la mente
- El poder de la acción
- El principio de la acción
- Sistema límbico
- Las acciones nos conectan a resultados
- La velocidad de la renovación de la mente
- Los árboles de la mente
- La acción ejecuta la poda sináptica final
- El cambio de mente cambia el cerebro
- ¿Qué debes podar?
- El poder de las acciones
- ¿Qué es el perdón?
- ¿Qué produce el perdón?
- Las palabras negativas afecta la capacidad verbal
- El poder de la repetición de las buenas palabras

Todo el contenido de este libro tiene un enfoque espiritual, en ningún momento está sustituyendo el diagnóstico y tratamiento profesional médico.

INTRODUCCIÓN

Considero que un alto porcentaje de la humanidad no le brinda atención a los problemas que constantemente vive, solamente buscan la forma de cómo evadirlos o cómo hacerlos a un lado aunque sepan que no los están solventando y que pronto se podrán manifestar nuevamente; una vez la persona que esté padeciendo problemas y que eso le cause depresión, angustia o cualquier otra dolencia mental a través de opresiones o apegos como lo describo en este libro, y logra evadirlo momentáneamente, como ya lo dije; no hace nada por enfrentar aquella situación que le podría estar quitando el sueño, la paz, la tranquilidad, el deseo de superarse, de seguir viviendo, etc., lo cual es el efecto de la falta de conocimiento de las batallas que el reino de las tinieblas lanza en contra de la gente en general y más específicamente, en contra de los que conformamos la Iglesia de Cristo.

Digo esto porque como cristianos, ya deberíamos estar alertas acerca de las insidias del adversario y no pasarlas por alto, sino que, en primera instancia, hacer uso de la armadura de Dios que describe la Biblia en **Efesios 6:10-20**, pero más específicamente cuando hace mención del yelmo, porque debes saber que una de las estrategias que usa Satanás, es lanzar dardos encendidos a la mente con el propósito que tu fe en el Señor Jesucristo, sea debilitada y le creas más a las cosas que ves en el mundo, que a las promesas que Dios describe en la Biblia, de manera que, no basta solamente con pronunciar las promesas de Dios, sino que debes creerlas con el corazón y entonces vivirlas pronunciando con la seguridad que sin importar lo que puedas estar viviendo, poderoso es Dios para levantarte, restaurarte y que sigas en pos de lo que El te haya prometido.

Una de las bases de este libro y que debes considerar en tu vida, son los apegos negativos que el adversario está constantemente lanzando en contra tuya, siendo su función, afectar tu desarrollo psicológico y la formación en tu personalidad. Por supuesto que este ataque no inició ayer en tu vida, esto lo ha venido trabajando el reino de las tinieblas desde que empezaste tu vida en la Tierra, aún desde que estabas en el vientre de tu mamá, pudo haber lanzado ataques a su mente con el propósito que el desarrollo que tenías siendo un feto, te afectara y así truncar tu desarrollo, previendo que el día que conocieras a Jesús, fueras alguien en la obra de Dios que se esforzaría, primero en agradar a Dios en santidad y en seguida, equiparte para ser un guerrero espiritual que pudiera alcanzar el conocimiento de cómo romper con toda atadura mental, todo aquello que a través del engaño, podría detenerte porque en Dios todo lo puedes lograr, pero con una mente sana y libre de engaños.

Por supuesto que parte de esa preparación, conlleva a que sepas lo que significa una fortaleza mental, un trastorno mental y una fortaleza demoniaca, porque al tener problemas mentales podría deberse a una consecuencia propiamente de salud y no precisamente donde esté interviniendo una operación satánica; no obstante que el velo que divide una cosa y la otra, de pronto podría ser muy tenue y confundirte para que no le brindes la importancia necesaria a un problema mental donde, debido a los dardos encendidos del maligno, han logrado penetrar toda resistencia y que le estés creyendo más al diablo que a las promesas de Dios.

Es por eso que necesitas conocer cómo tener un cambio de mente, un cambio en tu forma de pensar y esforzarte por tenerlo en todo momento, porque no se trata solamente de alcanzar una meta en ese sentido y descuidarte, porque el diablo seguirá batallando en contra tuya una vez que lo hayas identificado en su forma de atacarte; seguirá intentando y lo hará en la base del engaño; recuerda que dentro del séquito de servidores de las tinieblas, hay potestades que tienen milenios de practicar la maldad, de haber hecho caer potestades que pudieron tener astucia para discernir un ataque del diablo, sin embargo cayeron y perdieron los privilegio con los que Dios los diseñó.

Hoy, juntamente con mi esposa, la pastora Luz Rivera, estamos presentándote este libro donde te enseñamos cómo discernir un ataque, cómo detenerlo y cómo trabajar con tu mente en pos de alcanzar la mente de Cristo (**1 Corintios 2:16**) y así vivir con una mentalidad dispuesta a alcanzar el diseño original en tu alma.

Apóstol Mario Rivera

Preparadores De Fortalezas

Capítulo 1

Dificilmente podría decir que haya personas que han considerado los conflictos espirituales en el sentido de saber cómo inician y cómo podrían terminar; razón por la cual es necesario estudiar lo que significa, los apegos de las tinieblas.

Significado De Los Apegos De Las Tinieblas

La terminología, apegos, no es un muy popular en la Iglesia cristiana actual, por eso insisto en la importancia que debes ponerle a todo esto que hoy estás empezando a estudiar y saber que esto significa: **vínculo**; de ahí entonces comprender cómo opera el mundo espiritual en general porque existen apegos buenos y en contraposición, los apegos negativos de las tinieblas encaminados a formar una fortaleza.

Cuando enfocamos los apegos hacia lo negativo derivado de las tinieblas, es como un espíritu que se vincula a una persona sin haber entrado en ella, solamente se ha conectado; de ahí entonces que inicia aquella situación con el hecho de llegar a desarrollar una fortaleza espiritual en un cristiano; siendo esta la gran batalla de todo cristiano, porque puedes llegar a tener las promesas de Dios y que legalmente te pertenecen porque Jesús pagó por ti en la cruz del calvario; sin embargo, la manera de estar estancado en una etapa de tu vida hace que los espíritus que operan en apego, pueden atraparte para que no salgas de ese tiempo, evento y situación.

Por supuesto que cuando alguien experimenta una situación así, puede llegar a pensar que solamente esa persona lo está padeciendo y que nadie más lo ha vivido ni lo vivirá y peor aún; que no tiene solución su problema; razón por la cual es importante que te tomes el tiempo para estudiar este libro porque si no eres tú el que esté padeciendo un problema de esa naturaleza, podría ser alguien más y si tú ya tuviste la luz que Jesús está permitiendo hoy para que aprendas a este respecto, puedes decirle a esa persona que puede enfrentar esa situación con el debido conocimiento de cómo salir de ese ataque.

Los apegos no son una codependencia como suele suceder en la relación de padres e hijos y que de pronto haya una sobreprotección porque se pierde el equilibrio de cómo se debe conducir esa relación; eso podría decir entonces que es una codependencia. Tampoco es lo que sucedió en la Biblia entre Jonatán, hijo de Saúl y David, lo que ellos tuvieron fue una ligadura de sus almas. El apego en cambio es una entidad espiritual la que se vinculó para tener influencia sobre esa persona.

Los Apegos Del Diablo

Hechos 10:38 (LBA) *Vosotros sabéis* cómo Dios ungió a Jesús de Nazaret con el Espíritu Santo y con poder, el cual anduvo haciendo bien y **sanando** a todos **los oprimidos por el diablo**; porque Dios estaba con Él.

El apego es lo que la mayoría le llama opresión.

[oprimido] griego: katadunasteuo (G2616), dominar o ejercer un control duro sobre alguien; usar el poder contra alguien.

Es interesante que, si buscas gramaticalmente el sinónimo de la palabra apego, puedes notar que no existe, sin embargo, como el apego es una operación de un espíritu inmundo que no ha entrado directamente en una persona, pero está muy cerca de la persona que lo está padeciendo, entonces eso es llamado opresión, sin que sea sinónimo de apego. Por eso, cuando se habla de opresión, es una influencia de afuera hacia adentro

No se conoce mucho acerca de la opresión, sin embargo, debes comprender que la opresión influye en los pensamientos, actitudes, sentimientos y comportamientos de las personas, así como en el bienestar y la salud de las personas, lo mismo que apego, es lo que se conoce entonces en la doctrina de la guerra espiritual.

LOS APEGOS POSITIVOS	LOS APEGOS NEGATIVOS O DE LAS TINIEBLAS
Es un vínculo que se establece desde los primeros momentos de vida entre la madre y el recién nacido o la persona encargada de su cuidado. **Su función es asegurar el cuidado, el desarrollo psicológico** y la formación de la personalidad.	Es un vínculo que se establece desde los primeros momentos de vida o en cualquier otro tiempo de vulnerabilidad. **Su función es afectar el desarrollo psicológico** y la formación de la personalidad.

Con esto puedo mostrar entonces que, los apegos no son ataduras del alma como sucedió entre Jonatán y David ni es una codependencia, los apegos son mucho más profundos, son términos de guerra espiritual para dilucidar hasta donde afecta el alma.

Los Apegos: Preparadores De Fortalezas

A partir de este punto, empezaré a profundizar para darme a entender cómo los apegos de las tinieblas funcionan como preparadores de fortalezas mentales, y cuándo una fortaleza mental ya está demonizada, es decir, ya tiene un espíritu inmundo o demonio especialista con diferentes funciones, me refiero a que un demonio se dedica a afectar la vida de una persona de una sola forma, porque otro demonio lo hará de otra forma y otro hará su trabajo para el cual lo enviaron.

Entonces, lo que sucede es que el espíritu genérico, tiene como función preparar el camino para que aquella persona que sufrirá el ataque de apego, le quede una fortaleza mental con el propósito que después dé lugar a un trastorno mental, porque también debes saber que no todos los trastornos mentales son demoniacos, pero podría ser que se inicie una fortaleza mental y que al pasar mucho tiempo, se llegue a convertir en un trastorno mental; pero insisto, es algo que podría no tener en la fortaleza mental como espíritu inmundo, ni en el trastorno mental como espíritu inmundo; sino que, hasta la última faceta que es una fortaleza demoniaca.

Diferencia entre demonios mentales y fortaleza mental:

2 Corintios 10:4-5 (LBA) ...porque las armas de nuestra contienda no son carnales, sino poderosas en Dios para la destrucción de **fortalezas**; 5 destruyendo especulaciones y todo razonamiento altivo que se levanta contra el conocimiento de Dios, y poniendo todo pensamiento en cautiverio a la obediencia de Cristo...

1.- Se puede tener una fortaleza mental y no tener demonio, al principio o durante un tiempo.

¿Cómo puede ser eso? o ¿por qué puede ser así?

Definición De Fortaleza Mental

Normalmente habrás escuchado que una fortaleza mental es un pensamiento cautivo, lo cual no deja de ser cierto, pero lo que debes aprender es, qué otras partes son las que conforman la estructura de una fortaleza mental, porque si lo llevas al plano físico, puedes ver cómo la Biblia en la cita anterior está haciendo referencia a que esa batalla no es física, no es carnal porque la gente de aquel entonces estaba acostumbrada a derribar fortalezas como la que habían destruido los muros de Jericó; también tenían en su mente el recuerdo del momento cuando Jerusalén estaba rodeada y lo único que la resguardaba físicamente eran los muros pero los babilónicos destruyeron esa fortaleza.

En el mundo espiritual debes saber que, así como aquellas fortalezas que eran de piedra mezclada con otros elementos para constituirlas precisamente en fortalezas; de igual forma en lo espiritual una fortaleza tiene estructura, a lo que debes aprender entonces dónde o cómo se conforma para llamarla precisamente fortaleza mental.

Una fortaleza mental es:

El área de arraigo emocional.
Es un lugar en la mente.
Lo es en la identidad de la persona.
Lo es en el alma.
Lo es en los sentimientos.
Lo es en las capacidades emotivas en las que un demonio sólo está apegado, puede vivir ahí, pero insisto, sólo está apegado, es decir asignado; pero si tiene suficiente tiempo de estar en aquella persona en la faceta de apego, su siguiente movimiento es que, el demonio buscará la forma de abrirse paso para entrar a la mente de la persona a través de un derecho legal espiritualmente hablando. Por supuesto que también hay ataques considerados como ilegales los cuales puedes detener, reprender, ordenar que se vayan, pero cuando es legal es porque una persona ha cedido terreno o se le ha permitido mucho tiempo al espíritu de apego estar cerca de la persona y el espíritu se abre paso de lo que en algún momento podría encontrar como una frontera para entrar a la mente.

Una opresión entonces, puede ser un sentimiento negativo de miedo, ira, odio, rechazo, porque un demonio está en apego.

Lamentablemente en la actualidad, en las congregaciones no se brinda la importancia necesaria cuando se detecta una fortaleza mental, porque se ignora del estrago que se está formando en la persona que empieza a tener esas manifestaciones. El apego no es repentino, sino que, como su palabra lo indica, el espíritu inmundo se va apegando poco a poco a aquella persona a donde vaya porque existe una perseverancia solamente que negativa. Por eso apegado, es lo que la mayoría le llama opresión.

La persona que está siendo preparada por un espíritu de apego con la intención de llegar a tener una fortaleza mental, necesita saber cuales son los indicadores que se presentarán:

Indicadores Ante Una Fortaleza Mental

1.- La sensación que tienes cuando recuerdas lo que te sucedió. Quizá tuviste malas experiencias que son difíciles de olvidar, pero cada vez que las recuerdas, debes saber que estás abriendo puertas, estás cediendo derechos legales en el mundo espiritual que aprovechan las tinieblas.

2.- La emoción que se dispara cuando vuelves a pensar en la experiencia negativa, hace que vuelvas al momento de aquello que no quisiste que sucediera.

3.- Sensación y emoción de ira, odio, resentimiento, auto acusación, amargura, falta de perdón cada vez que lo recuerdas. Esto es lo que tratará de usar paso a paso el espíritu de apego para llegar a la fortaleza mental en base al derecho espiritual que las tinieblas aprovecharán al máximo.

Existen personas que no pueden disfrutar de la vida abundante que Dios le ha permitido tener porque todo el tiempo está bajo el impacto de un dolor causado por una amargura, un resentimiento, pero es necesario trabajar en pos de desarraigar todo eso que no nació en tu mente.

El Derecho Legal

- ✓ Es lo que le abre paso a un demonio que está solamente en la faceta de apego (opresión), eso es el derecho legal.

- ✓ El derecho legal es el tecnicismo (el protocolo) al que se aferra un demonio para entrar; como ya lo mencioné anteriormente, son perseverantes en su maldad para llegar a ese punto en el que podrían decir que tienen el derecho para entrar a la vida que han estado apegados por mucho tiempo.

Una de las bases de los ataques de las tinieblas son los engaños, por ejemplo, dice la Biblia que la venganza le pertenece a Dios, pero cuando alguien quiere tomar venganza por su cuenta, está violando un derecho legal que no le corresponde, entonces los demonios saben que a través de su engaño lograron hacer tropezar a aquella persona y al cobrar venganza sobre algún daño que le hayan hecho, le está otorgando derechos legales espirituales a los demonios y ellos no dudarán el hacer uso de ese derecho.

- ✓ El derecho legal que tiene un demonio es lo que se práctica durante la opresión (los sentimientos de ira, odio, falta de perdón, resentimiento, etc.)

- ✓ El derecho legal puede ser la pornografía, el sexo ilícito o sexo fuera del matrimonio, la injusticia, los vicios, el rechazo, etc.

Cuando se habla de un apego espiritual, los demonios no exigen un derecho, en todo caso lo que hacen es provocarte, te hacen tropezar para que pierdas un derecho legal espiritual y entonces ellos poderlo tomar para entrar a la vida de una persona. Por ejemplo:

Salmos 34:7 (LBA) El ángel del SEÑOR **acampa alrededor de los que le temen**, y los rescata.

Si alguien tiene temor reverente a Dios, ahí está el ángel del Señor; el espíritu de apego puede acercarse pero como aquella persona ha sido respetuosa con todo su corazón hacia Dios, entonces no hay problema porque hay un derecho que se puede ejercer declarando esas palabras; pero si lejos de eso, aquella persona vive en medio de una religiosidad en lugar de una vida verdaderamente espiritual cristiana, entonces está cediendo derechos que el espíritu de apego detecta que puede ejercer en contra de esa persona porque no hay protección de parte del ángel del Señor.

Diferencia Gráfica Entre Un Cerebro Y La Mente

Cerebro:

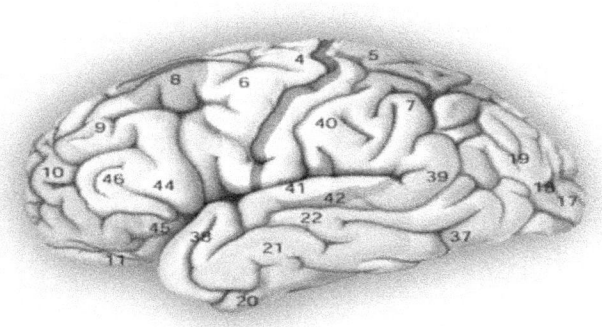

.- El cerebro es donde se dan los trastornos mentales (tenemos mapas cerebrales).

Mente:

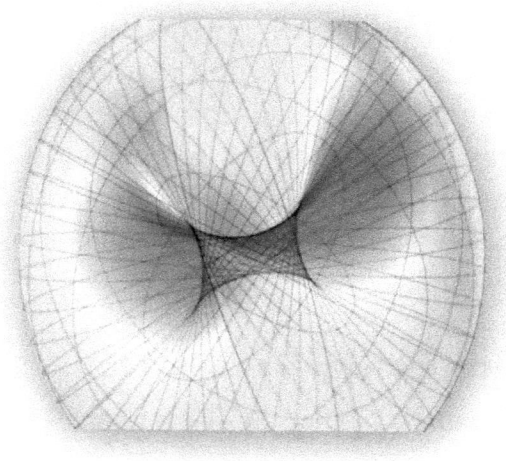

.- La mente es donde surge las fortalezas mentales y fortalezas demoniacas (no existe mapa cerebral porque es una dimensión).

El apego inicia cuando el espíritu inmundo se acerca al entorno de la persona; podría decir que es el momento cuando es violada la esfera del magnetismo que cada persona tiene (esto no es doctrina esotérica), lo cual está comprobado científicamente, o sea, la mente tiene magnetismo y el corazón es 5,000 veces más fuerte su magnetismo que el de la mente; eso significa que a 3 metros alrededor de la persona, ese magnetismo es en el que penetran si logran pasar esa frontera; porque el espíritu de apego puede estar a 100 metros y poco a poco irse acercando hasta llegar a ese límite que pueden traspasar dependiendo de los derechos legales espirituales. Una vez que logran pasar esa frontera, lo primero con lo que se encuentran en con el cerebro donde a su vez habrá neuronas que han acumulado resentimientos, malos pensamientos, pornografía, etc., todo aquello que representa un pasado doloroso; de manera que, si logran entrar al cerebro, entrarán también a la mente, de ahí entonces el orden como surge el ataque:

1.- Los sentidos son la puerta para el cerebro.
2.- El cerebro es la puerta de la mente.
3.- La mente es la puerta del alma.

Canales de sanidad y liberación:

✓ La psicología, la psiquiatría y la medicina son para el cerebro (profesionales de la salud mental).

✓ La ministración al alma, la sanidad interior y la liberación son para la mente (ministros primarios, obreros de liberación).

Esto es lo que surge cuando una persona está batallando con el espíritu de apego que de una fortaleza mental pudo haber pasado a trastorno mental; de manera que en los canales de liberación debe haber una comunicación muy cercana porque un psiquiatra o psicólogo no podría entender de la profundidad del alma y al revés, un ministro del evangelio podría no saber mucho acerca del profesionalismo de la salud mental.

Diferencias Entre Trastornos Y Demonios

La mente como frente de batalla

Los problemas de la mente se han incrementado cada vez más y más, y la iglesia no sabe cómo responder a esa necesidad.

Un trastorno mental	Terminología médica - Esta es la parte física, está relacionado con el cerebro.
Una fortaleza mental	Terminología bíblica - Esta es la parte dimensional, está relacionado con el mundo espiritual.
Una fortaleza demoniaca	Terminología espiritual - Esta es la parte espiritual, está relacionado con espíritus y demonios.

Estos 3 puntos son totalmente diferentes, por lo tanto, también tienen diferente intervención; es aquí donde entra la realidad de los canales de liberación.

No puedo ignorar que aún dentro de las congregaciones en la actualidad hay gente bajo opresiones demoniacas, sin importar en qué circulo social o intelectual están desenvolviéndose, sin embargo, desconocen cómo enfrentar una fortaleza mental o los apegos espirituales, cómo experimentar esa liberación que puedan estar necesitando y que Dios la ha puesto a disposición de aquellos que estén en la mejor disposición de aprender a ese respecto. Debes considerar que servirle a Dios en el área de liberación, no se trata solamente de echar fuera demonios, sino que, debes aprender cómo hacerlo porque el adversario tiene mucho conocimiento y si él lo tiene es para aplicarlo al momento de atacar la vida de una persona, de manera que tú también debes aprender a ese respecto.

La lucha que a veces se entabla contra las potestades de las tinieblas, son entidades que tienen por lo menos 6,000 años de estar en esa práctica constante, considerando este tiempo desde la caída del hombre en el jardín del Edén, aunque en realidad debe ser mucho más tiempo pero considera ese tiempo solamente para efectos didácticos; entonces no puedes tener en menos este tipo de enseñanzas que se vienen a sumar a todo aquello que he enseñado en su momento y que también ha quedado por escrito en los libros que Dios me ha permitido escribir con anterioridad; la enseñanza cada día se ha aumentado porque Dios sigue revelando qué hacer y cómo hacerlo.

Diferencias entre trastorno, fortaleza y demonio

Se puede tener un **trastorno mental** y no es un problema espiritual.
Se puede tener una **fortaleza mental** y no tener demonio todavía.
Pero una **fortaleza mental** que tiene demasiado tiempo sin ser auxiliada, puede ser el blanco de un espíritu en apego.
Por último, si el espíritu en apego logra entrar, la fortaleza mental se vuelve en **fortaleza demoniaca**.

Es casi imposible establecer un tiempo entre cada una de estas etapas porque al final dependerá de la vulnerabilidad de cada persona, por ejemplo, podría ser que dos personas cometan el mismo pecado en el mismo nivel y que solamente uno se haya endemoniado, no estoy diciendo que solamente uno haya pecado, sino que, uno quedó endemoniado y el otro no; ¿por qué?, por el nivel de valores que pudo haber recibido en casa de sus padres, aunque en algún momento se descuidó y el diablo aprovechó ese descuido para hacerlo tropezar y que pecara, pero por los principios espirituales que sus padres le pudieron haber enseñado, reconoció su pecado, confesó y se apartó; mientras que la otra persona que también pecó no tuvo nada que la detuviera y siguió pecando, cayendo así en una iniquidad, eso es lo que marcaría la diferencia para que aquello lleve o no a una persona a entrar en un trastorno mental, fortaleza mental hasta llegar una fortaleza demoniaca.

Definición De Fortaleza Mental

Cuando un demonio permanece en una persona infectará la mente, porque esa es la misión del demonio, poner como en un encarcelamiento mental a la persona.

Un derecho legal es la forma de cómo llegó el demonio, o sea las cosas legales con las que se abrió paso.
Una fortaleza es cómo se queda ahí, o sea, las cosas legales que le dan el derecho de estar ahí.

La fortaleza mental

- ✓ Es la sensación que tienes al recordar lo que te sucedió.

- ✓ Es la emoción que se dispara al volver a pensar en la experiencia negativa.

✓ Es la sensación y emoción de ira, odio, resentimiento, auto acusación, amargura, falta de perdón cada vez que lo recuerdas, es lo que tratará de usar el espíritu inmundo para abrirse paso hasta llegar a la mente.

El trabajo de Satanás es causarte problemas para incentivarte a la ira, rencor, sed de venganza, odio; pero el Espíritu Santo te enseña que debes perdonar para no perder lo que el adversario quiere robarte, esa paz que no tiene valor porque es la que Dios te puede dar y que sobrepasa todo entendimiento, tener paz en medio de cualquier adversidad, es la que el diablo quiere robarte.

Los 7 Niveles de Apego de Las Tinieblas

Capítulo 2

En este capítulo empezaré enseñando lo que es la anatomía de la fortaleza mental, para lo cual te compartiré el siguiente versículo que usaré como base para el respectivo desarrollo:

Hechos 10:38 (LBA) *Vosotros sabéis* cómo Dios ungió a Jesús de Nazaret con el Espíritu Santo y con poder, el cual anduvo haciendo bien y **sanando** a todos **los oprimidos por el diablo**; porque Dios estaba con Él.

Cuando hablo de los espíritus de apego, pueden ser asignados a una persona debido a los receptores que están en determinada persona con el propósito de poder encontrar más fácil la forma de entrar en la vida de esa persona y así dar lugar a la fortaleza mental; por eso ellos pueden oprimir en el área donde un espíritu inmundo empieza a afectar con pensamientos o con algún problema de salud; esto lo señalo por lo descrito en el versículo anterior, no obstante en esa versión de la Biblia, cuando la estudias en los recursos adecuados, puedes encontrar que también puede interpretarse la parte que dejé en negrita: **liberando a todos los oprimidos por el diablo**.

La palabra apego es un término relativamente nuevo y en términos de psicología, algunos le atribuyen a un personaje que, desde la segunda guerra mundial, la introdujo al conocimiento de las sociedades que estaban sufriendo los estragos de la guerra, no obstante que también existe otra teoría, pero quizá lo menciono solamente como un dato colateral porque también existe otro personaje que mostro lo que es un apego por lo que padeció con los nazis por ser descendiente de judíos y fue de ese modo como pudo popularizar el significado de lo que es el apego.

Dentro de la cristiandad no es muy común el término apego, porque no ha surgido ninguna versión de la Biblia que lo haya incluido, a menos que en un futuro no muy lejano surja una versión que incluya una palabra en semejanza a lo que actualmente existe como esta:

[oprimido] Griego: katadunasteuo (G2616), dominar o ejercer un control duro sobre alguien; usar el poder contra alguien.

De manera que, si hoy día se conoce que el término apego es opresión, debe aceptarse que una opresión puede afectar en pensamientos, actitudes, sentimientos y comportamientos de las personas, así como también influye en el bienestar y la salud de las personas. Por eso en el versículo base, señalé que, puede interpretarse la palabra sanando, así como liberando a los oprimidos por el diablo, porque la consecuencia de que alguien sufra constante opresión en lo que ya describí, resultará en efectos físicos del cuerpo con quebrantamiento de salud.

Los Apegos

En el capítulo anterior describí este punto, sin embargo, considero necesario traerlo nuevamente para ver una similitud entre ambos aunque antagónica porque en los apegos positivos puedes ver el desarrollo evolutivo, mientras que en los apegos negativos un desarrollo involutivo; mientras que uno dice que su función es asegurar el cuidado, el otro dice que tiene como función afectar ese cuidado; pero obsérvalo nuevamente:

LOS APEGOS POSITIVOS	LOS APEGOS NEGATIVOS O DE LAS TINIEBLAS
Es un vínculo que se establece desde los primeros momentos de vida entre la madre y el recién nacido o la persona encargada de su cuidado. **Su función es asegurar el cuidado, el desarrollo psicológico** y la formación de la personalidad.	Es un vínculo que se establece desde los primeros momentos de vida o en cualquier otro tiempo de vulnerabilidad. **Su función es afectar el desarrollo psicológico** y la formación de la personalidad.

Lo asombroso es que, esto puede llegar desde el nacimiento de aquella persona y que sea afectado en toda su vida para que no logre evolucionar.

El Proyecto Opresión

Cuando te detienes a estudiar con detenimiento todo esto, encuentras una terminología que es bastante amplia y necesaria conocer porque te permitirá conocer el tipo de operación que surge, porque entonces no solamente estarías hablando de apego y opresión sino, otras palabras que también están íntimamente relacionadas para llevar a cabo un apego u opresión, siendo entonces las siguientes palabras:

Terminología de Opresión:

- ✓ **Opresión de las tinieblas.**
- ✓ **Asignamiento de las tinieblas** (por un espíritu asignado por las tinieblas).
- ✓ **Vínculo de las tinieblas** (vinculado desde sus primeros años, inconsciente para la persona, pero estratégico para el mundo de las tinieblas; es un vínculo que estará desde que se despierta, lo acompaña adondequiera que vaya. Este tipo de espíritu asignado, su tarea es estar vinculado para familiarizarse lo más que pueda con la rutina de la persona a través

de la observación para encontrar la forma de abrirse paso y encontrar el momento para entrar y establecerse e iniciar la fortaleza mental, por supuesto que, para eso, se apoya en los derechos legales espirituales que se le han otorgado; es así como no encuentra limitaciones para poder entrar).

✓ **Apego de las tinieblas.**

La Etimología De Palabras

Para llegar al entendimiento de lo que es una fortaleza mental, necesitas saber las diferencias de las palabras relacionadas como mentalidad, fortaleza, trastorno mental y fortaleza demoniaca.

Mentalidad	Pensamientos, ideas, información, experiencias, etc. Por supuesto que también existe gente con mentalidad cultural, ambientales, sociales, educativas, etc., pero no necesariamente es una fortaleza mental, a menos que tenga una educación inadecuada, información incorrecta, viva en un ambiente nocivo, peligroso, violento

entonces su mentalidad sería negativa; sin embargo, el término mentalidad es simplemente lo que ya describí.

Si la mentalidad es trabajada por un espíritu inmundo, crea lo siguiente:

| Fortaleza | Es la operación de espíritus, trabajando en el sistema de los **apegos de las tinieblas**, y que su propósito es abrirse camino para entrar y quedarse ahí y dar lugar a la fortaleza. |

La mentalidad resulta en actitudes

- La actitud también es un conjunto o la suma de pensamientos con información y emociones adjuntas que generan una percepción particular.

Si una mentalidad es un conjunto de pensamientos, es necesario saber, que, en cada momento de cada día, tu cerebro

	y tu cuerpo están reaccionando físicamente y cambiando como respuesta a los pensamientos que pasan por tu mente, por consiguiente eso mismo permitirá que sean manifiestas ciertas actitudes.
Trastorno mental	Esto surge cuando la mentalidad y la fortaleza se unen para resultar en el trastorno mental. El trastorno mental se puede diagnosticar como la ansiedad, la depresión, la paranoia, la esquizofrenia, etc. La mentalidad que es prestada para este tipo de situaciones es cuando se convirtió en mentalidad negativamente violada a través de experiencias negativas y se obtuvo una mala percepción respecto a una situación normal, por ejemplo: el sexo dentro del matrimonio es una relación normal; sin embargo, si uno de los cónyuges lo experimentó antes del matrimonio a través de una violación, un abuso; entonces la percepción del sexo se obtuvo en primera instancia, en una mala

	experiencia y ahora es sumado a una fortaleza porque pudo romper con aquel recuerdo doloroso, no tuvo una sanidad interior, nadie le ha ayudado a echar fuera aquel pensamiento negativo; ahora es una idea que todo lo que está relacionado con el sexo, aunque sea dentro del matrimonio, no lo considera lícito, sino que, por haber iniciado con una mala percepción, lo rechazará siempre.
Fortaleza demoniaca	Está es la meta final de los espíritus de apego, eso significa que lograron entrar y lograron tener el derecho de quedarse en la mente.

Fortaleza Mental

Toda fortaleza lo es en lo psicológico y su efecto es en el alma y la mente. Debes recordar que, como parte de tu ser integral, la tercera parte está calificada como la parte psicológica, término que se deriva de la palabra griega que se pronuncia **PSUQUE (G5590 Diccionario Strong)**, que a su vez significa, alma; es así entonces como se llega a la palabra que se conoce como psicología.

La fortaleza mental trata con el sistema de pensamientos y condición de tu alma en lo anímico, lo que tiene que ver con la mente y alma.

Proverbios 23:7 (BPD) ...porque él es en realidad como piensa dentro de sí: "Come y bebe", te dice, pero su corazón no está contigo.

Con este versículo estoy enseñando entonces que una persona es, lo que tiene en su fortaleza mental, lo que sufre como trastorno mental o que la persona es la fortaleza demoniaca; de manera que ese tipo de personas no son confiables obviamente porque tienen una batalla en su interior, por momento cuando la crisis está controlada puede ser que su personalidad sea la normal, pero cuando tiene esa influencia del espíritu de apego que se está abriendo paso porque el enemigo está ganando terreno, cambia su percepción y eso lo deja ver como si fuera otra persona.

Para comprender la fortaleza psicológica que debes derribar porque te recuerdan un momento difícil; necesitas responder a las siguientes preguntas para poderte examinar a ti mismo y hacer un inventario de tu propia vida, no obstante que algunos son más prontos para señalar los problemas de otros y no se detiene a examinar su propia vida, si lo que califica de otros es solamente una idea reflejada por una mala experiencia que hayas vivido en el pasado.

Pero entonces, las preguntas a las cuales me refiero son las siguientes:

✓ ¿Qué es lo que permites que tu mente medite?

Existen personas que dicen no poder evitar estar pensando en cosas que deben dejar en el pasado o quizá estén pensando en proyecciones a futuro de cosas que harán; eso los hará que entren en insomnio porque están poniendo a trabajar su mente, a que su energía esté desarrollándose; pero si logras controlar lo que meditas, eso te podría traer paz a la hora de reposar en la noche.

✓ ¿Qué es lo que alimenta tu mente (eso será tu meditación)?

La mente se puede alimentar de otros pensamientos en la percepción de la persona o en el poco recurso que tiene de cosas que lo puedan ayudar a sanar; es como decir, la carencia de estudiar siendo una persona de edad avanzada y en cierto grado avanzado, te evitará a que dentro de tu diccionario interior, lexicón natural; no tengas las palabras adecuadas para poderte referir a algo porque fue algo que te dieron en las primeras etapas de estudio básico y al empezar a estudiar siendo de edad avanzada pero por vergüenza no quieres hacerlo en un nivel básico, el hecho de estar en un nivel que no es el adecuado para ti, te podrías enfrentar con carecer entre 300 a 3,000 palabras para darte a entender. Es lo mismo cuando alguien no sabe cómo alimentar su mente, sea en la carencia de recursos para brindar un buen pensamiento a algo que este siendo dañino; de manera que la meditación entonces será igualmente negativa.

- ✓ ¿Quién es el que tiene influencia en tus pensamientos e ideas y decisiones (a quién escuchas)?

A esa interrogante podría añadir, qué tipo de amistades tienes, con qué te dejas influenciar; porque una influencia que llegue a tu vida a través de alguien o algo, no dejará que te desarrolles en tu vida de pensamiento de una forma adecuada, porque entonces será en lo que meditarás de día y de noche y hará que seas lo que eres: derrotado o victorioso, negativo o positivo. Por eso la Biblia dice que debes renovar la mente.

Debes saber que el propósito de estos estudios es que tengas la convicción que, si te has identificado con alguno de los problemas que aquí he descrito o de lo que aún falta por describir; poderoso es Dios para llevarte a la vida en abundancia que El ha prometido y tengas esa nutrición para que llegue a tu alma para hacerte pensar que puedes alcanzar victoria, que puedes levantarte y pasar de un nivel a otro mejor, que puedes salir del encierro donde puedes estar vagabundeando buscando soluciones a los problemas que llevas en el alma y tener algo que es más sólido, más fuerte, permanente, verdadero y eterno como lo es la palabra de Dios.

El Factor De Lo Psicológico

Hablar de fortaleza es hablar del impacto psicológico, por ejemplo:

¿Qué es, quién es, qué te dicen?, ¿qué es la influencia que ejerce para cambiar tus ideas o pensamientos acerca de una cosa o personas de manera que afecta tus conexiones divinas y cambia el rumbo de tú vida?, ¿qué personas tienen influencia en tu vida?

- ✓ Casi siempre, quienes influencian tu vida, son aquellas personas que tienen algún parentesco contigo, dicho en otras palabras, suele ser un familiar muy cercano.

- ✓ Aunque también las personas sin tener parentesco, pero son muy cercanas a ti por la confianza que se han ganado a través del tiempo.

- ✓ Otras personas que influencian en lo psicológico son aquellos que te causaron mucho dolor.

✓ Si la persona que causó el dolor todavía tiene influencia sobre tu vida; eso es una fortaleza. Puede ser que aquella persona la dejaste de ver por mucho tiempo o no la volviste a ver nunca más; si te sigue causando dolor ese recuerdo, eso es una fortaleza en la mente.

La fortaleza lo es porque quienes causaron dolor, muchas veces ya no pertenecen a la nueva etapa, pero aún influencian tu vida porque no se ha derribado la fortaleza.

✓ Entre más mora un pensamiento de dolor en la mente y el alma, más habita esa influencia o esa persona en la mente o en el alma, eso es fortaleza psicológica.

Toda fortaleza mental requiere que se destruya.

2 Corintios 10:4-5 (LBA) ...porque las armas de nuestra contienda no son carnales, sino poderosas en Dios para la **destrucción de fortalezas**; 5 destruyendo especulaciones y todo razonamiento altivo que se levanta contra el conocimiento de Dios, y poniendo todo pensamiento en cautiverio a la obediencia de Cristo...

Nota que está hablando de fortalezas en plural; de manera que cuando estudias en la Biblia, podrás notar que hay 49 fortalezas de las cuales 7 son como la cabeza de estructuras de fortalezas.

Muchos creyentes que son psicológicamente manipulados no saben que lo psicológico es una fortaleza que hace retroceder, estancar y caer en ciclos negativos.

- ✓ Sólo piensa en aquellas personas que te influenciaron en tu vida en el pasado, lo que te dijeron, cómo afectó tú vida.
- ✓ De manera que retrocediste, perdiste el ritmo y el tiempo avanzado.
- ✓ Si eso no cambia, se repetirá y siempre estarás como dando vueltas en tu vida y/o yendo siempre hacia atrás.

Es cierto que poderoso es Dios para romper con toda fortaleza, pero si no sabes cómo identificar cada situación, cómo podrían ser los síntomas, las operaciones, el modus operandis, los indicadores de lo que es una fortaleza, entonces ¿cómo podrías examinarte y llegar delante de Dios para pedir la ayuda que necesitas?, por eso es necesaria la capacitación que estás llevando a cabo a través de estos estudios.

Los 7 Niveles Del Apego De Las Tinieblas

Lo que voy a exponer a partir de aquí es para que aprendas a identificar los 7 niveles de opresión, lo cual te equipará para poder derrotar al enemigo y así poder caminar en esa libertad que Dios vino a proclamarte.

✓ La opresión es una fuerza espiritual exterior.

Esto afecta la autoestima de una persona, su identidad y la manera de relacionarse con el mundo.

El primer nivel del apego de las tinieblas:

✓ La plantación de la opresión, esto es como una semilla que te pudieron haber sembrado en base a una experiencia negativa.
✓ La siembra de mentiras, de manipulaciones, de intimidaciones, de amenazas, etc. Tu mente es muy poderosa, el problema es que el diablo también lo sabe y a veces con lanzar un dardo envenenado a través de una sola palabra, puede hacerte recordar la experiencia dolorosa que te sembró en el pasado. Aunque también podría ser que a través de un espíritu de las tinieblas, logre que a través de sueños tenga esa siembra de mentiras.

El segundo nivel del apego de las tinieblas:

✓ Refuerzos contra la mente y emociones, por ejemplo, bloqueando la mente para que la persona no pueda ni siquiera escuchar un consejo de alguien que la quiera ayudar; de manera que al tener un pensamiento que llegue a la mente, producirá emociones porque no hay pensamientos sin emociones ni emociones sin pensamientos; son cosas que están íntimamente vinculadas.

✓ El diablo envía refuerzos para fortalecer su ataque mental y emocional y poner como mínimo 2 primeras fortalezas. Las primeras fortalezas son los nombres de un pensamiento cautivo y de una emoción que se creó en aquel momento cuando se reforzó la mente y la emoción. Es muy interesante que científicamente está comprobado que nadie nace cableado por emociones, sino que, cada uno nace y las crea en el desarrollo de su vida, por ejemplo, cuando un padre de familia quiere corregir a su hijo o hija y lo encierra en una habitación obscura diciéndole que se le aparecerá un espanto que es de conocimiento popular, en ese momento se empieza a crear una emoción que no tenía, una emoción que se convierte en un miedo y luego pasó a ser una fobia que se convirtió en terror y como fruto de esa opresión, la mentalidad que revelan en actitud es una timidez porque esa emoción atrapó a aquella persona en su niñez.

Tercer nivel de apego de las tinieblas:

✓ En la tercera etapa de la opresión, el diablo usa experiencias de vida negativas y decepciones para fortalecer sus mentiras engañosas. Esto es como la suma de experiencias negativas, o sea, una experiencia negativa con futuras experiencias negativas es una asociación de experiencias que busca que la persona siempre se sienta decepcionado.
✓ Una mentira refuerza en la mente las decepciones. La persona se convierte en alguien muy frágil, muy vulnerable, no tiene capacidades para poder salir adelante de lo que está viviendo, cualquier cosa lo agrieta en su alma o hace que se derrumbe, hace que se apague su sistema inmunológico, sistema de defensa, fácilmente cae en depresiones porque en este tercer nivel hay mentiras que están reforzando las decepciones.

Cuarto nivel de apego de las tinieblas:

✓ En la cuarta etapa de la opresión, las voces influyentes refuerzan la intensidad del ataque del diablo, por ejemplo, la gente desconoce que el diablo los está utilizando y que haya gente que termine diciéndole que no va a salir de ese problema o que no se busque a nadie para obtener un consejo; esto lo he enseñado oportunamente y lo he titulado como la satanización porque es cuando el diablo usa la voz de una persona para detenerte a que hagas algo que Dios ya te dijo que hagas, un ejemplo a este respecto podría citarlo cuando Pedro le dijo a Jesús que no fuera a la cruz pero Él le dijo claramente: apártate de mi Satanás; Pedro no estaba consciente que estaba satanizado, no poseído, sino satanizado porque estaba usando su voz solamente.

✓ De esa manera el diablo está golpeando nuevamente y repetidamente para penetrar la mente y los pensamientos para tener acceso y dominación completa. Por eso es que no puedes tomar a la ligera el concepto de una fortaleza mental, porque solamente para que te hagas una idea, la fortaleza de Jericó o lo muros que rodeaban Jerusalén antes que los penetraran, fueron construidos con la idea que no fueran destruidas fácilmente.

Quinto nivel de apego de las tinieblas:

✓ En el quinto nivel de opresión, la fe negativa se libera en la mentira que trabaja en la mente y las emociones.
✓ El propósito del diablo es inundar las mentes con mentiras hasta que las escuches tantas veces que se comiencen a convertir en verdad para ti.

Sexto nivel de apego de las tinieblas:

✓ Cuando las mentiras forman una realidad mental esas mentiras entrarán en el reino físico, y cualquier cosa que hayas creído se convierte en tu realidad. Es asombroso que en la actualidad aún exista esta práctica a través de hipnotismo para sembrar pseudo pensamientos y dentro de esas terapias, buscan que la persona entre en un relajamiento para poner la mente en blanco y así dictarle cosas que son mentiras, pero la persona se las creyó por la forma de cómo se las sembraron.

✓ Cuando creemos la mentira, nuestra fe se contamina.

Séptimo apego de las tinieblas:

✓ El objetivo final del enemigo es tomarnos como rehenes para poder dominarnos por el resto de nuestras vidas.

Todo esto ha sido producto de años de estudios que Dios me ha permitido, no es una copia que haya obtenido de otro lado, como tampoco estoy jactándome, pero lo digo porque Dios me ha conducido a que pueda ayudar a gente que están atrapados en recuerdos dolorosos y que necesitan de sanidad interior, liberación de su alma.

Las 7 Principales Fortalezas Mentales

Capítulo 3

Cuando estudias en la Biblia respecto a las cosas que suceden 7 veces, puedes notar que de alguna forma, las tinieblas también presentan 7 cosas pero negativas, aunque lo que tiene más preponderancia es lo que surge en el ámbito positivo, en lo que Dios ha preparado para bendecir tu vida. Pero en este capítulo, lo que abordaré en referencia a 7 principales fortalezas mentales, son como la cabeza de ángulo de una estructura espiritual de 7 estructuras cada una, lo que viene entonces a formar 49 fortalezas que están en la Biblia.

De manera que empezaré por la que es considerada como la más nociva, peligrosa, progresiva demoniaca y poco entendida porque hay mayor ignorancia en el ambiente, de manera que algunos al considerarlo de esa manera, lo padecen por esa misma razón, porque hay mucho desconocimiento de las consecuencias, pero no solamente en lo particular, sino que también afectando a las personas que están alrededor de aquel que la está padeciendo, me refiero a la fortaleza del celo.

Dejaré plasmado entonces el versículo base para lo que voy a desarrollar en este capítulo:

2 Corintios 10:4-5 (LBA) porque las armas de nuestra contienda no son carnales, sino poderosas en Dios para la **destrucción de fortalezas**; **5** destruyendo especulaciones y todo razonamiento altivo que se levanta contra el conocimiento de Dios, y poniendo todo pensamiento en cautiverio a la obediencia de Cristo…

Como puedes ver, en primer punto, se refiere a fortalezas, en sentido plural porque son muchas, pero también señala especulaciones y razonamiento altivo, las cuales son como las piedras en lo natural cuando se erige una fortaleza, también está hablando de pensamiento en cautiverio; estos 3 puntos que mencioné son propios del sistema de la mente, las cuales son afectadas y se constituyen en materia prima para levantar una fortaleza, por consiguiente, eso es lo que debes ver como punto principal para demoler o derribar porque toda fortaleza mental se puede destruir; por eso estás estudiando, para saber qué hacer, para que tu fe sea fortalecida, para que con entendimiento, conocimiento y autoridad de parte de Dios, puedas destruir ese tipo de fortalezas.

Uno de los principios en guerra espiritual es que, si no se conoce aquello contra lo que se batalla, es como si no se tuviera autoridad. La guerra espiritual no está en la base de gritar, de tener vana palabrería. La guerra espiritual está basada en que tienes autoridad si conoces el campo en el que te estás enfrentando al adversario, en este caso, los principios que rigen la victoria de esa confrontación de poderes. En resumen, entonces lo que verás es cómo operan los apegos espirituales de las tinieblas.

Las Fases De Una Fortaleza

✓ El espíritu que está sólo en la faceta de apego, tomará en cuenta el tiempo que esa fortaleza mental se haya prolongado y así tomar ventaja sobre eso mismo.

✓ El espíritu de apego a la fortaleza demandará un derecho para entrar y quedarse dentro de la persona.

✓ Por último, al entrar infectará toda la mente y la encapsulará, es como haber entrado y cerrado las puertas tras de sí para asegurar que no haya escape de todo lo que hará y que tampoco haya forma de que la persona sea auxiliada. Por supuesto que para Dios no hay imposibles porque la fe puesta en El, alcanzará Su oportuno socorro.

✓ Convirtiendo la fortaleza mental en fortaleza bajo poder de un demonio.

La Operación Apego De Las Tinieblas

Recuerda que en el principio de este libro, enseñé que la palabra apego no es muy común en la actualidad, sin embargo tiene como una especie de sinónimo la palabra opresión y/o vínculo, de manera que la base bíblica que estoy usando, es la que revela el modus operandis de los espíritus apego. Debo insistir en que esta palabra es relativamente nueva en el mundo de la guerra espiritual, aún en la psicología también lo es, aunque el efecto al que se quisieron referir ya existía, no así la palabra para ser más específicos, hasta que llega entonces la palabra apego.

El Proyecto Opresión

2 Corintios 12:7 (LBA) Y dada la extraordinaria grandeza de las revelaciones, por esta razón, para impedir que me enalteciera, **me fue dada una espina** en la carne, un **mensajero de Satanás** que me abofetee, para que no me enaltezca.

Aquí puedes ver la diferencia entre un espíritu asignado a una persona y una persona endemoniada; es donde surge el asignamiento, el vínculo o el apego.

✓ Algo importante que no puedo dejar de decir, es que hay gente que no logra distinguir la diferencia entre un espíritu asignado a una persona y una persona endemoniada.

✓ De manera que alguien no necesariamente está endemoniada pero si puede estar batallando contra un espíritu asignado el cual lo que está haciendo es luchando para abrirse paso hasta alcanzar a tener el derecho de entrar y quedarse adentro de la persona causándole estragos.

Creadores de escenarios siniestros

✓ Los espíritus asignados son creadores de escenarios siniestros.

✓ Orquestan u organizan los eventos para reunir a dos o más personas con espíritus asignados cada uno, que trabajan en un mismo plan; por supuesto reuniones de pecadores bajo un mismo sentir.

✓ Dos espíritus asignados afines, uno será la víctima y el otro el victimario. Es como decir la presa y el cazador. Si una persona influenciada llega de forma inocente a un lugar donde hay drogas, bebidas alcohólicas, etc., los que tienen mayor fuerza en su forma de dominar a los que están empezando en ese tipo de pecados; los inducirán de cualquier forma de manera que empiece en esa persona nueva, un ciclo desconocido en su vida y es como llegará entonces un espíritu de apego en lo negativo o de parte de Satanás.

El proyecto opresión funciona así:

- ✓ Como espíritus que fueron asignados por el diablo.

- ✓ Estos espíritus asignados a individuos o familias, serán los espíritus principales con que batallarán las personas en toda su vida si no se rompe el asignamiento.

- ✓ El espíritu que fue asignado a un padre o madre, puede pasar a sus simientes.

Este es uno de los proyectos de las tinieblas más efectivos que el diablo utiliza para hacer 2 cosas en la vida de las personas, una es enfermarlos y lo segundo endemoniarlos, por eso es necesario explicar cuál es el modus operandi.

Los asignamientos de las tinieblas:

Es lo que más se acerca y que tiene la misma dinámica de operación de la opresión.

Sin embargo, por ser un modus operandi que está dentro de la nueva cosmovisión de guerra espiritual, el término a utilizar sería diferente pero tiene la misma forma de operación, me refiero a los apegos de las tinieblas.

Dentro de todo esto es indudable que se vincula mucha de la información que he enseñado en otros de los libros que Dios me ha permitido escribir, por ejemplo, el libro de Los Ancestros, donde expliqué ampliamente lo que es la epigenética, porque entonces puede existir la herencia ancestral de ancestros que no son precisamente los padres o los abuelos, sino que puede ser que algun familiar de generaciones, que atrás cometió un pecado en secreto y se murió así, pero de pronto llega una persona, nace y se le activa aquella situación que se cargó un ancestro de generaciones muy lejanas.

El asunto con esto es que una fortaleza mental también se puede heredar bajo esa perspectiva, de tener un patrón mental adicionalmente a lo que se le crea en los primeros años de su desarrollo por la información que va recibiendo a través de los años por los padres biológicos, pero también lo puede traer en ese mundo microscópico neuronal y celular y el complejo de Golgi que también es parte de ese mundo molecular el cual es un aparato que todo ser humano posee y que los estudiosos solamente lo señalan como el vehículo que lleva las proteínas al ADN pero realmente el aparato Golgi es el que traslada la información genética de las generaciones pasadas o antiguas.

Es por eso que para hablar de fortalezas se debe hacer debidamente porque hay mucha falta de conocimiento y eso ha llevado a que la gente batalle mucho porque no tienen como les desglosen el panorama para llegar a comprender la necesidad de destrucción de fortalezas mentales; sea esto por la mentalidad que se ha formado en un hogar por la cultura recibida o por una mala experiencia y que eso haya traumatizado a la persona y que no encontró ayuda pero ha logrado sobrevivir a toda esa manipulación de las tinieblas a través de las fortalezas mentales.

Sobrevivir a una fortaleza no es alcanzar la victoria porque está en constante batalla interna lo cual le resulta en desánimos, estancamientos y consecuentemente, retrocesos en la vida. Por eso es que si no se avanza en la vida por estar estancado, le será más fácil a la persona retroceder o sea, involucionar. Cuando se llega a este punto es porque el diablo ha tomado ventaja y de fortaleza mental, por haberse prolongado por mucho tiempo, aquella batalla de tanto tiempo, resulta en un trastorno mental que le causan problemas paranoicos, depresivos, ansiedad, estrés alto, esquizofrenia y si a esto se le añade que no encuentra una forma para ser sanado y libre; el diablo convertirá lo que empezó como fortaleza mental hasta llegar a ser una fortaleza demoniaca.

Por supuesto que hay solución si se busca porque lo que procede es que haya una liberación, pero la persona que vaya a liberar, debe ser muy conocedora de esta operación tan sutil del enemigo, aunque le den referencia que la persona tiene problemas demoniacos mentales; un ministro que conoce esta rama, debe ser cuidadoso y equilibrado para que, aunque tenga información de la familia de la persona que tiene fortaleza demoniaca; debe tener la guianza del Espíritu Santo y tener la experiencia para poder ver las fronteras de cada una de las diferentes etapas y poder hacer las preguntas claves para saber si es un demonio el que está en aquella persona. No estoy diciendo que el ministro de liberación deba sostener una conversación con el demonio, sino que, al tener un momento de lucidez de aquella persona, entonces hacer las preguntas claves para poder diagnosticar adecuadamente con qué se está batallando.

Uno de los problemas que he visto actualmente en gente que quiere tener poder y fama de libertador y decir que puede echar fuera un demonio, es que la persona al tener unos cuantos datos de referencia de aquel que está con la fortaleza demoniaca, empezó a pretender decir que podía ver cual era el problema que tenía aquella persona como que tuviera rayos x para discernir y en lugar de ayudar a la persona, eso puede hundir más a la persona que está batallando con la fortaleza mental porque no está utilizando el equilibrio para poder discernir por el espíritu, lo que aquella persona verdaderamente está padeciendo.

Todo esto conlleva a que la persona que está con esa batalla de fortaleza, será afectada, por lo menos con dos tipos de vida estando en la dimensión física o sea en la Tierra. La Biblia hace referencia a tres tipos de vida:

Vida biológica	La cual es la que tienes en este momento como vida humana o natural.
Vida abundante	Es la que el Señor Jesucristo prometió, estar libre de angustia, de opresiones de fuerzas invisibles de las tinieblas.
Vida eterna	Es que por fe la tienes pero aún no estás en la eternidad, la que tendrás cuando estés en la presencia de Dios.

Los apegos de las tinieblas pueden afectar en el presente a los primeros dos tipos de vida en una persona:

✓ **La vida biológica** (BIOS) con desanimo, desgaste y enfermedades para acabarse la vida de la persona por medio de una fortaleza mental, por una batalla que la gente tenga todos los días en la mente como una ministración de medicina por goteo y que al final logra su propósito; lo mismo hace el diablo. El adversario es tan sutil en su engaño y forma de ataque, que incluso puede hacer que el desgaste de aquella persona sea ante la muerte de una persona muy cercana donde se esté pensando que no se le brindó la atención necesaria a esa persona antes de morir y que ese tipo de pensamientos esté constantemente desgastando a la persona.

✓ **La vida abundante** (ZOE) con bloqueos a manera que no experimente la promesa de la abundancia. Quizá alguien tiene la promesa de tener vida abundante en todo sentido, pero debido a una fortaleza mental, le está impidiendo que lo logre.

✓ **La vida eterna** no la puede tocar porque eso es venidero, es decir, cuando estés en la presencia de Dios, aún falta que vivas todo lo que la Biblia permite ver aún en el milenio, serán 1,000 años donde el diablo estará atado y no podrá hacer nada contra ti, pero en las otras vidas que ya mencioné, si puede afectar.

Si no se destruye la fortaleza, prosperará para el mundo espiritual, un ejemplo es la fortaleza de celo.

Los Vencedores De La Fortaleza Mental

El punto que estoy exponiendo es el no permitir que una fortaleza se prolongue demasiado para que no sea intervenida por un demonio. Sin embargo, si el reino de las tinieblas ha avanzado en su operación debes saber que se puede vencer en el nombre de Jesús a través de la estrategia de guerra espiritual que el Espíritu Santo guía para alcanzar esa libertad.

¿Cómo se vence la fortaleza?

Estoy hablando de aprender a luchar con el daño en la mente.

✓ **Primero:** una fortaleza se puede destruir gradualmente sometiéndose a Cristo lo cual es un proceso donde se irán destruyendo especulaciones, razonamientos y todo pensamiento. Es necesario saber cuáles eran las especulaciones, los razonamientos y pensamientos que se sumaron para erigir la fortaleza. Las especulaciones son la lógica que pudiste tener, o sea, la razón que tenías sobre algo pero a la vez no era razonable lo que estabas pensando. Una lógica afectada, la razón que tenías, pero no era suficiente para que se convirtiera en una fortaleza.

2 Corintios 10:5 ...destruyendo especulaciones y todo razonamiento altivo que se levanta contra el conocimiento de Dios, y poniendo todo pensamiento en cautiverio a la obediencia de Cristo... **(Esto no es de la noche a la mañana)**

Alguien puede tener la autoridad delegada por Dios para echar fuera demonios, pero después de eso hay que seguir trabajando en todo el daño que pudo haber causado ese demonio, por eso lo mejor es someterse a Cristo para que se vaya obteniendo gradualmente esa conquista del alma.

✓ **Segundo:** Se puede vencer y destruir a través de una liberación en el caso que la fortaleza mental ya está controlada por demonio.

Sin embargo, aunque el espíritu se haya echado fuera y no tenga más la influencia de ese espíritu, el daño no desaparece necesariamente, es necesario de una sanidad interior, una restauración, que haya una reestructuración, un ejemplo a este respecto es cuando Jesús sanó al personaje que tenía la mano seca; hubo un proceso que empezó de su interior hasta llegar a las capas de la piel; por supuesto que Dios dice que se haga y se hace inmediatamente, pero valga el ejemplo para hacerte la idea de lo que puede ser la reestructuración.

El daño psicológico que el demonio ha hecho permanecerá y será necesario una batalla gradual para alcanzar de nuevo el dominio total de la mente.

✓ **Tercero:** El proceso de sanidad y liberación de la mente es una batalla en curso para restaurar tu vida a lo que estaba destinado a ser antes de qué Satanás la devastara. Muchas veces cuando Jesús sanó, se cree que era de una condición mental que tenía que ver con un demonio. Un ejemplo a este respecto puedo citarlo con el gadareno porque Jesús lo liberó y después lo encontraron en su **juicio (SOPHRONEO G4993 = SER DE MENTE SANA - RV)** cabal, en algunas versiones de la Biblia dice que lo encontraron con una mente templada. Eso me deja ver que Jesús primero liberó al gadareno y después sanó su condición mental.

Lucas 5:14 Y Él le mandó que no se lo dijera a nadie. Pero anda —le dijo—, muéstrate al sacerdote...

✓ En la Biblia leemos sólo relatos anecdóticos.

Relatos anecdóticos: Eso significa que hay una limitada descripción de un fenómeno que podría haber continuado por mucho tiempo donde hubo conversación, dialogo, consejos, etc. Se lee en pocas palabras, pero posiblemente se llevó mucho tiempo la confirmación del sacerdote para declarar libre a una persona.

Las 7 Clases De Fortalezas Básicas

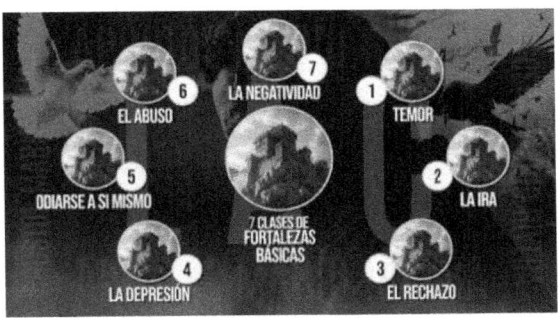

Estas son las fortalezas que encabezan las 49 fortalezas mentales que menciona la Biblia.

PRIMERA FORTALEZA: EL TEMOR

Abre la puerta a los demonios o espíritus más cercanos en el ambiente.
El temor es el que abre las puertas a otros espíritus. No necesariamente es el más poderoso pero sirve como uno que abre las puertas, una vez se abrió la puerta, puede haber otros espíritus por dentro.
El temor y la fe no pueden habitar juntos.
Debes aprender a tratar con el temor en tu vida, lo cual es con la valentía.

SEGUNDA FORTALEZA: LA IRA

Según Pablo hay un límite para la ira y es que no te haga pecar.
En la ira del hombre, no obra la justicia de Dios y por eso hay que saber cómo tratar con la ira y Santiago sugiere retardar la ira. El problema con la ira es que si no se puede tratar, puede convertirse en sentimiento. **Efesios 4:26** AIRAOS, PERO NO PEQUÉIS; **no se ponga el sol sobre vuestro enojo**, 27 ni deis oportunidad al diablo. En este versículo lo que puedes ver es que puede darse un tiempo porque si tu amanecer empieza con la luz de la aurora y la Biblia dice que el caminar del justo es como la luz de la aurora,

que va de aumento en aumento hasta que el día es perfecto, entonces puedes ver que la luz de la aurora empieza con una luz tenue pero esa luz se va aumentando con el transcurrir de las horas del día, hasta que llega a su plenitud del sol. De manera que si tu enojo se desarrolla como la luz de la aurora, entonces se rompió el límite que Dios orgánicamente ha puesto. Lo que he enseñado oportunamente es que una emoción debe durar 90 segundos, este dato es científico porque es lo que se lleva la emoción en pasar por todo el torrente sanguíneo; pero cuando se lleva más tiempo, entonces se convierte en un sentimiento lo cual es para toda la vida; dicho en otras palabras, se puede odiar para toda la vida.

Santiago 1:19 ... tardo para la ira; **20** pues la ira del hombre no obra la justicia de Dios.

La fortaleza de ira, va acompañada con venganza porque está la emoción envenenada con amargura por la falta de perdón, la fortaleza de ira está integrada con tres males.

TERCERA FORTALEZA: EL RECHAZO

El rechazo es un acompañante del abandono.
El abandono es lo que alguien te hizo.
El rechazo es lo que tu permites venga a ti.
Padre que abandonan o un cónyuge.
Alguien puede sufrir un abandono y no permitir

el rechazo, si trabaja a que no se vuelva una fortaleza, si permite que Dios le sane del abandono.

CUARTA FORTALEZA: LA DEPRESIÓN

No es la médica o clínica.

Está depresión es una fortaleza de algo que no está resuelto.

Depresión es, guardarlo dentro de sí, abrazarlo y esconderlo dentro de sí, por ejemplo una violación que nadie supo, se guardó muy escondido en el alma y eso causó depresión porque no se recibió consejo ni se recibió terapia, nadie oró ni se buscó ministración al alma, eso se convierte en depresión pero no como enfermedad mental, sino como algo que se lleva por dentro.

QUINTA FORTALEZA: ODIARSE A SÍ MISMO

Esto es considerado también autodestrucción.

Puede comenzar con culparse así mismo por algo que sucedió y que no debía producir ningún auto señalamiento.

La fortaleza de odiarse así mismo, no acepta el amor que Dios tiene por esa persona.

También puede darse el odio así mismo por una serie de fracasos en la vida.

> Ejemplos de este tipo de personas lo podría llevar a lo que se causaba el gadareno en el Nuevo Testamento, pero también hay en el Antiguo Testamento con lo que se hacían los 800 falsos profetas cuando se autodestruían para ofrecerse a Baal.

SEXTA FORTALEZA: EL ABUSO

> No solamente es un un derecho legal para el reino de las tinieblas, sino que, se vuelve fortaleza mental.

✓ La fortaleza de abuso toma forma, cuando un padre que está obligado a proteger su simiente y en vez de eso abuza, eso la convierte en una fortaleza mental.

1.- La formación se va dando, cuando no hay ayuda al problema.
2.- La siguiente fase es la formación de la raíz de amargura.
3.- Otra fase es la falta de perdón.

Consejo urgente:

Si alguien ha sufrido algún abuso, háblelo y pida ayuda. La cultura nuestra acostumbra a esconder ese problema y no pedir ayuda.

- ✓ Hablarlo es someterte a un proceso y eso no es de la noche a la mañana pero si es seguro.
- ✓ Si eso no se experimenta, se formará una fortaleza.
- ✓ Si no se hace, eso será por seguro una fortaleza de abuso.

SEPTIMA FORTALEZA: LA NEGATIVIDAD

La negatividad es un asunto psicológico que funciona como fortaleza mental.
Es la tendencia a centrarse o recordar más las cosas negativas que las positivas. Lamentablemente este problema es muy común, podría decir que está en un 90% de personas que padecen de fortalezas mentales.
La negatividad es evolutiva y significa que se crea una tendencia en el cerebro a la negatividad.
La persona que batalla con la negatividad es más propensa propenso a recordar acontecimientos negativos.
La persona con está fortaleza le dará más importancia a la información negativa a la hora de tomar decisiones.
La información negativa produce una estimulación más intensa en el cerebro. Es

impresionante que una persona que está bajo el proyecto de una fortaleza de negatividad, sienta una estimulación negativa y peligrosa, en lugar de sentir paz por la información que lo puede llevar a derribar la fortaleza.

La consecuencia de la negatividad, es que las primeras impresiones malas, pueden ser difíciles de superar si no se sanan, y dará lugar a los traumas atando el pasado y produciendo efectos a largo plazo.

Ejemplos de los indicadores de la fortaleza de la negatividad:

- ✓ La persona recuerda mejor las experiencias traumáticas que las positivas.
- ✓ La persona recuerda más los insultos que los elogios.
- ✓ La persona piensa más frecuentemente en cosas negativas que en las positivas.
- ✓ La persona reacciona con más intensidad a los acontecimientos negativos que a los positivos.

Una persona afectada de esta fortaleza, puede estar rodeada de muchas cosas buenas en general, pero no puede manifestar gratitud porque recuerda más lo traumático.

Las Fortalezas y Los Trastornos Mentales

Capítulo 4

Es muy interesante ver cómo en el final de los tiempos que actualmente vive el mundo entero, se ha incrementado todo aquello que está relacionado con los conflictos mentales, al punto que, estadísticamente se ha comprobado que dentro de 10 familias, existen 4 familias que por lo menos tienen 1 miembro que está sufriendo algún diagnóstico de conflictos de problemas mentales.

Lamentablemente, a pesar de tener ese tipo de estadísticas, aún dentro de la Iglesia de Cristo, encuentro gente que no está educada a este respecto, no está equipada, no está debidamente informada, no buscan la forma de adoctrinarse adecuadamente para poder cerrarle puertas a ese tipo de conflictos y en términos generales puedo decir incluso que, no hay grupos ni ministros que estén preparados para dictaminar un diagnóstico que revele del mal que esté padeciendo una persona; realmente no tiene el recurso para sanar, liberar o para aconsejar qué pueden hacer.

El problema es que, muchos pueden saber que hay problemas mentales en la gente de la Iglesia, pero la mayoría no tienen cómo formular las preguntas necesarias para poder saber con qué se está tratando de ayudar a una persona, porque como bien puedes notar el título de este capítulo, está señalando fortalezas mentales, trastornos mentales y fortaleza demoniaca, son cosas diferentes.

En el caso de un ministro del evangelio, cuando una persona brinda breves detalles de lo que está experimentando aquella persona, lo que generalmente sucede es que llega diagnosticado por sus padres o la misma persona se ha autodiagnosticado por lo que ha visto en las redes sociales. Personalmente junto a mi esposa, he tenido que resolver diagnósticos que hicieron en otros lugares a personas que llegan buscando solución a los problemas mentales que tienen, manifestando que en 2 minutos les resolvieron el diagnóstico; cuando la realidad es que son situaciones muy delicadas de tratar porque es necesario indagar detenidamente para saber si aquella persona se está enfrentando con fortaleza mental, trastornos mental o fortaleza demoniaca lo cual cada una tiene un trato diferente porque son distintas.

El mayor problema cuando hay un diagnostico a la ligera es que la gente se queda más confundida de lo que ya estaba, de manera que el adversario al notar aquella situación toma ventaja porque ante tal ignorancia la persona no sabe de dónde está recibiendo la supuesta solución a sus problemas. Ante la falta de sabiduría, las personas que pretenden apoyar a otro que esté atravesando por problemas mentales, denotan su ignorancia rápidamente porque lo primero que se debe hacer es escuchar a la persona, conocer de la historia familiar, de los eventos que pudieron haber afectado desde su niñez para entonces dictaminar si verdaderamente es un demonio o qué otra cosa puede ser.

Debes tener presente en todo momento que la mente y el cerebro no son lo mismo; no obstante que hay tantas personas que enseñan sobre la salud mental pero ignoran el componente espiritual, lo cual es el componente sobrenatural de la liberación.

Reconociendo La Diferencia Entre Cerebro Y Mente

1. El **cerebro** es donde se dan los trastornos mentales.

2. La **mente** es donde surge las fortalezas mentales y fortalezas demoniacas (no existe mapa cerebral).

3. Los **sentidos** son la puerta para el **cerebro**.

4. El **cerebro** es la puerta de la **mente**.

5. La **mente** es la puerta del **alma**.

   ✓ Punto a tratar en orden de llevar una sanidad, restauración o liberación, es en base a las siguientes preguntas:

1. Si es **fortaleza mental**, ¿qué clase de ministración se requiere?

2. Si es **trastorno mental**, ¿qué clase de ministración se requiere?

3. Si es **fortaleza demoniaca**, ¿qué clase de ministración se requiere?

Diferencias Entre Trastorno, Fortaleza Y Demonio

Se puede tener un **trastorno mental** y no es un problema espiritual (no lo es todavía).
Se puede tener una **fortaleza mental** y no tener demonio todavía (al principio o durante un tiempo).
Pero una fortaleza mental que tiene demasiado tiempo sin ser auxiliada, puede ser el blanco de un **espíritu en apego**.
Por último, si el espíritu en apego logra entrar, la fortaleza mental se vuelve en **fortaleza demoniaca**.

Por supuesto que, por complejo que pueda parecer el problema, hay solución en el nombre de Jesús, no obstante que cada uno de estos 3 puntos últimos que señalé, requieren de un proceso y dependiendo de cuál sea el problema será un profesional el que deba hacerse cargo en los primeros 2 puntos y si es algo que sea verdaderamente relacionado con una fortaleza demoniaca, debe ser tratado por un ministro de Dios que tenga la autoridad, el respaldo, el discernimiento para echar fuera ese demonio que haya convertido la mente en fortaleza demoniaca.

Nuevamente dejaré plasmada la cita que estoy utilizando como base para el desarrollo de este capítulo:

2 Corintios 10:4-5 (LBA) ...porque las armas de nuestra contienda no son carnales, sino poderosas en Dios para la **destrucción de fortalezas**; [5] destruyendo especulaciones y todo razonamiento altivo que se levanta contra el conocimiento de Dios, y poniendo todo pensamiento en cautiverio a la obediencia de Cristo...

En base a lo que dice esta cita, puedo ver claramente que las fortalezas mentales se pueden destruir, lo que debes considerar es el hecho que todo tiene un proceso y lo que aprendiste en el primer capítulo, puedes concatenarlo con lo que aprendiste en los siguientes y que de esa forma el Espíritu Santo te vaya revelando cómo tratar cada situación a la que puedas enfrentarte, sea en forma personal o para auxiliar a otra persona. Recuerda que si tienes frente a ti un problema o ves a una persona que está enfrentando un problema mental, primero debes indagar de qué se trata para saber bajo qué canal de liberación corresponde tratar a esa persona.

Los Apegos: Preparadores De Fortalezas

Recuerda que ya expliqué que los espíritus de apegos, son asignados para buscar la forma de cómo abrirse paso en una persona, entrar y establecer una fortaleza mental, pero para eso existe un proceso lo cual inicia así:

- ✓ Por el derecho legal es cómo llega un demonio a la mente para poderla controlar y hacer que haga lo que el espíritu de las tinieblas quiere que haga.

- ✓ Una fortaleza mental es cómo se queda en la mente lo cual es a través de argumentos legales.

- ✓ Cuando el demonio ha logrado abrirse paso a través de un derecho legal, infectará la mente con lo que es su asignación e identidad, es decir su especialidad que tiene el demonio, por ejemplo, con rebelión, depresión, ira, etc.

Los demonios son especialista en áreas específicas, puedo decirlo en otras palabras, que en el mundo de los espíritus de las tinieblas, no se practica la medicina general.

Proverbios 23:7 (LBA) ...pues como piensa dentro de sí, así es. Él te dice: Come y bebe, pero su corazón no está contigo.

Una de las cosas que les hace tomar ventaja a las tinieblas sobre una persona es que, dependiendo de la formación que haya tenido desde su niñez, lo que aprendió en casa de sus padres, la cultura que recibió, la educación académica, etc., todo eso formó determinada mentalidad; de manera que tener mentalidad no es el problema, el problema está en cómo la formaron, por ejemplo, si una persona recibió desde su niñez la ministración de sus padres, acerca de que no podría llegar a ser un profesional académico, eso hace que la persona se conforme con llegar a cierto nivel y estancarse ahí, porque esa fue la ministración que le formó su mentalidad.

El mayor problema estará cuando de pronto llegue un evento a la vida de aquella persona que lo hace vulnerable en el sentido que, si llega un ataque muy fuerte a su vida para empeorar la condición en que vive, a partir de ese momento tendrá, no solamente el estigma que recibió en su niñez acerca de que no podrá resolver aquel problema que representa, un dolor, frustración, maltrato, etc., sino que ahora el evento que padeció se viene a sumar a lo que ya tenía formado en su mentalidad para seguirlo teniendo esclavizado a no salir adelante y ese evento que se añadió a su mentalidad, lo seguirá recordando a manera que ya no será solamente una mentalidad sino, una fortaleza mental y si continúa de esa manera, podría batallar con un trastorno hasta que llegue un demonio a controlar su vida.

Diferencia Entre Trastornos y Demonios

Un trastorno mental	Terminología médica - Esta es la parte física, está relacionado con el cerebro.
Una fortaleza mental	Terminología bíblica - Esta es la parte dimensional, está relacionado con el mundo espiritual.
Una fortaleza demoniaca	Terminología espiritual - Esta es la parte espiritual, está relacionado con espíritus y demonios.

Las diferencias en estos 3 conceptos pueden empezar a verse entre las razones que podrían ser desde su pasado que no necesariamente espirituales, sino que pueden ser ancestral o una condición de salud, por ejemplo:

Metabólicamente	La demencia debida a causas metabólicas es una pérdida de la función mental que se puede presentar con procesos químicos anormales en el

	cuerpo.
Hormonal	Un desequilibrio de la hormona del estrés cortisol puede causar depresión y ansiedad.
Aspectos de la tiroides o la glándula pineal	Las alteraciones psiquiátricas que acompañan al hipertiroidismo y al hipotiroidismo, las dos enfermedades tiroideas más frecuentes, pueden simular enfermedades mentales.

Aquí estoy refiriéndome a enfermedades de salud que podrían simular enfermedades mentales causadas por demonios, por eso es que no se debe diagnosticar a la ligera sobre la situación espiritual de una persona. Si al momento en que se está tratando a alguien para poderlo ayudar, te dice que ya fue al médico y que no le encontraron ningún problema, entonces eso ya podría ser un punto de sospecha para pensar que su problema es espiritual.

Ahora bien, si detectar por la referencia que tienes, por lo que ya has indagado, que puede ser un problema de trastorno mental, entonces debes saber lo siguiente:

Trastorno Mental

Cualquier trastorno psicológicamente o condición desordenada, puede ser demoniacamente creada o aprovechada debido a una preexistente condición psicológica.

La línea fina es formular las preguntas correctas, para ver si efectivamente tiene esta condición.

Cuando una persona está padeciendo un ataque de salud, si es muy prolongado, podría llevar a la persona a que se deprima, perder de peso, porque los pensamientos que eso pueden producir ese ataque de salud, hacen que haya un cambio hormonal. Por eso, primero debe descartarse que aquella situación sea propiamente de carácter médica; si no hay una mejora, entonces hay que buscar en el siguiente nivel, quizá podría ser una situación psicológica, pero si se agotó el recurso medico psicológico y tampoco hay mejora, entonces el siguiente paso es abordar el área espiritual.

Por eso insisto, en calidad de guerrero espiritual en formación, debes indagar adecuadamente y no diagnosticar apresuradamente. Recuerda que cuando le llevaron a Jesús al lunático, El preguntó desde cuándo le sucedía aquella situación. Por supuesto que el pasaje bíblico puede ser muy preciso y quizá por eso se pretende diagnosticar rápidamente porque en la Biblia se obtiene esa idea en que Jesús no necesitó de tantas preguntas, olvidando que ahí se encuentra una historia resumida, pero eso no significa que se haya tomado 1 o 2 minutos para llevarse a cabo aquella liberación; además puedo ver que, Jesús siendo Dios, se tomó el tiempo de indagar, ¿por qué no puedes hacerlo tú?

Aunque no seas profesional de la salud, aunque no tengas un conocimiento profundo de la medicina o de la psicología, es necesario considerar estas posibilidades para poder determinar si el problema tiene que ver con un trastorno mental o con un demonio. No se trata de que seas místico solamente y que digas que por el espíritu estás discerniendo, porque si eso no es así, puedes convertirte en verdugo o torturador, hundiendo más a la persona en el complejo, trauma, atadura porque si le dices a la persona que haga algo que lo llevará a resolver su situación y la persona obedece a lo que le dices y no soluciona su problema; su problema seguirá prolongándose y el demonio detectará que no tienes el conocimiento adecuado tomando entonces ventaja sobre aquella persona y sobre ti precisamente por esa falta de conocimiento.

Esto no debe tomarse a la ligera, se trata de una fortaleza mental que puede limitarte la vida, quitarte la paz, limitarte el potencial que Dios te haya habilitado, privarte de ser feliz en tu relación matrimonial, familiar, en tu trabajo, en la Iglesia; una fortaleza mental que puede cambiar tu identidad; entonces ¿cómo es posible que no consideres algo tan delicado?, de tal manera que, si es una fortaleza mental que requiere de un proceso, la Biblia dice que debes cambiar tu manera de pensar; como diciendo, que no puedes pensar que de forma automática podrás tratar las cosas o verlas superficiales.

Hace podo vi en los noticieros la entrevista de una mujer judía de 93 años con su facultar mental sorprendente, sobreviviente al holocausto nazi que padeció cuando era de 13 años de edad; dijo que su corazón había seguido palpitando desde aquel terror que había vivido, pero hay cosas que no había podido olvidar porque estaban en su alma grabadas, pero dejó de ser una fortaleza mental; logró administrar todo su pasado para que no le impidiera continuar su vida, lo recuerda como un evento pero dejó de sangrar su alma porque no le aterroriza, ella dijo que su corazón había seguido funcionando, pero su alma aún lo recordaba. Por eso dice la Biblia lo siguiente:

Job 11:16 (LBA) Porque olvidarás *tu* aflicción, como aguas que han pasado *la* recordarás.

Por eso debes saber que, si crees y obedeces a Dios, Él hará aquello que te parece imposible de alcanzar por tu cuenta, pero en ti está también el hecho de renovar tu forma de pensar y Dios permitirá que haya un proceso que te llevará a que alcances la victoria que tanto anhelas o te llevará a que ayudes a otros, pero debes aprender que todo tiene un proceso lo cual está en que inicies por dejar de pensar en aquello que te causó tanto dolor o en la persona que te causó aquel momento que te llevó un trago muy amargo.

Las preguntas precisas para escudriñar contra qué se está batallando:

¿Cuánto tiempo has estado sufriendo estos síntomas?
¿Qué cosa desencadenó esto?, ¿desde cuándo?, ¿hay elementos particulares o personas que debo saber que estuvieron en aquel lugar?
¿Hubo algún evento traumático o algún incidente en tu vida?
¿Has sido diagnosticada está condición por un especialista de la salud mental?, por ejemplo, psicólogo y psiquiatra.

Las preguntas te ayudarán a descubrir qué cosas les hizo cambiar su perspectiva mental; de manera que al realizar estas preguntas, se está buscando saber si esto es tratable médicamente o espiritualmente a través de una liberación; si el caso fuera de una liberación, será necesario estabilizar mentalmente a la persona a través de otro de los canales de la liberación, o sea a través de terapia o consejería.

Esto no es sólo poner las manos sobre alguien y empezar a echar fuera demonios, recuerda que todo tiene un proceso por lo delicado que puede ser; saber si es un trastorno mental o si verdaderamente es un demonio que está controlando aquella mente, debe ser tratado con mucho cuidado.

Otra forma de ver el caso de manera delicada:

Se debe de estudiar a la persona y no tomar aquel caso con ligereza.
Se debe estudiar sus reacciones.
Se debe de estudiar su comportamiento; o sea estudiar las modalidades de expresiones emocionales que pueden indicar personalidad limítrofe o psicosis delirante.

El término "limítrofe" se refiere a una condición que se encuentra entre los trastornos neuróticos y psicóticos. En el caso del trastorno de personalidad limítrofe (TLP), se trata de una enfermedad mental que se caracteriza por la inestabilidad emocional y el comportamiento impulsivo. Sin embargo, esto también puede ser provocado, es inestable emocionalmente porque en su casa hay gritos, no hay seguridad, no hay buen trato.

¿Cómo Opera Una Fortaleza Mental?

- ✓ Por la sensación que tienes al recordar lo que te sucedió.

- ✓ Por la emoción que se dispara al volver a pensar en la experiencia negativa.

- ✓ A través de sensación y emoción de ira, odio, resentimiento, autoacusación, amargura, falta de perdón cada vez que lo recuerdas, esto es lo que tratará de usar el demonio para abrirse paso.

A lo que deseo llegar es que no puedes diagnosticar a simple vista, con poco detalle o que la persona llegue diagnosticándose.

Observaciones:

¿Es cada trastorno un demonio?

¿Cuál es la diferencia entre trastornos y demonios?

Tres realidades:

- ✓ Hay algunos trastornos que sólo son mentales y necesitan un tratamiento médico.
- ✓ Cualquier trastorno psicológicamente, o cualquier condición desordenada puede ser demoniacamente creada y energizada.
- ✓ Puede ser también por una preexistente condición psicológica que puede ser

capitalizada o aprovechada por un demonio al momento de haberse prolongado lo cual tiene lugar por medio de una preexistente condición psicológica que puede ser capitalizada.

¿Que hacer para saber cuál es la condición correcta del estado mental de la persona que batalla con eso?

La línea fina es:

Preguntar lo correcto para ver si la persona tiene o no esta condición, debido a algo que parece ser endémico neurológicamente.

✓ Si tiene esta condición debido a algo que parece ser endémico neurológicamente, tal vez metabólicamente; podría ser todo tipo de cosas en el cuerpo que no están en equilibrio, por ejemplo, hormonas, diferentes aspectos de la tiroides o la glándula pineal.

✓ Puede que no seas un doctor en medicina tal vez, o no tengas un conocimiento profundo de la psicología, pero ciertamente puedes hacer preguntas, ¿cómo sabes cuánto tiempo ha estado así?, ¿qué desencadeno esto?

Éxodo 1:11 (LBA) Entonces pusieron sobre ellos **capataces** para **oprimirlos** con duros trabajos. Y edificaron para Faraón las ciudades de almacenaje, Pitón y Ramsés.

Definición De Opresión

- ✓ El significado del diccionario de la palabra **opresión** es el ejercicio de la autoridad o el poder de una manera gravosa, cruel o injusta.

- ✓ Si una persona está oprimida, es porque algo del exterior la está presionando.

- ✓ Opresión significa sobrecargar, abrumar, abrumar o dominar. Cuando una persona está oprimida, se siente dominada por alguna fuerza externa.

Oprimido: καταδυναστεύω (katadunasteuo): un compuesto de κατα (kata) y δυνάστης (dunastes);

- ✓ La palabra κατα (kata) lleva la idea de dominación.
- ✓ La palabra δυνάστης (dunastes) describe a un tirano dominante.

Cuando se combina, representa el poder opresivo de un tirano malvado; quien gobierna y tiraniza cruelmente a sus súbditos; intimidación; crueldad; despotismo; dictadura; atmósfera gravosa.

Apego De Las Tinieblas A Opresión

- ✓ Ejercicio injusto o cruel de autoridad o poder, especialmente mediante la imposición de cargas.
- ✓ La condición de estar abrumado.
- ✓ Un acto de presionar.
- ✓ Una sensación de pesadez u obstrucción en el cuerpo o la mente" (Merriam-Webster Third International Edition).

Debes saber que todos traemos algo que tuvimos que dejar atrás para tener la oportunidad del cambio de mente que manda la Biblia, con el propósito de agradecerle a Dios todo lo que ha programado para nuestra vida; la diferencia la puedes marcar tú al aprovechar los recursos que Dios te envía y tienes a tu alcance o hacérselo saber a la persona que estás tratando de ayudar pero hacerle consciencia para que se haga vida en su alma y empezar un reinicio y que el alma tenga la oportunidad de una verdadera restauración en el nombre de Jesús.

La Proactividad de Dios contra Los 7 Niveles de La Opresión Mental
Capítulo 5

El reino de las tinieblas tiene como meta, establecer fortalezas mentales en los humanos y para eso usa la opresión, la cual es la operación de espíritus de apego o asignamiento que pueden hacer que su víctima experimente 1 de los 7 niveles de opresión que resulta en crear fortalezas mentales, por ejemplo, un hombre que comenzó con fortaleza mental, avanzó a trastorno mental y finalizó con fortaleza demoniaca.

Por supuesto que toda esta operación diabólica no es nueva, sino que, al acercase el final de los tiempos cada vez más, el ataque de Satanás también ha sido más sutil, razón por la cual es necesario que todo cristiano sea actualizado en todo este mover para saber cómo es que el adversario está actualmente trabajando en contra de toda la humanidad, pero muy especialmente en contra de la Iglesia de Cristo.

Por eso es que debes recordar lo que dice la Biblia:

Efesios 4:26-27 (RV 1960) Airaos, pero no pequéis; no se ponga el sol sobre vuestro enojo, [27] **ni deis lugar al diablo.**

La pregunta aquí puede ser, ¿qué lugar es el que se le entrega al diablo?, también surge otra interrogante, lo cual es el hecho que no ignoramos las ardides del diablo, pero ¿de qué ardides está hablando?

2 Corintios 2:10-11 (LBA) Pero a quien perdonéis algo, yo también *lo perdono;* porque en verdad, lo que yo he perdonado, si algo he perdonado, *lo hice* por vosotros en presencia de Cristo, **11** para que Satanás no tome ventaja sobre nosotros, **pues no ignoramos sus ardides.**

Esto lo dice la Biblia es la base a que hubo una enseñanza acerca de los ardides de Satanás, también dice la Biblia:

Efesios 5:11 (RV 1960) Y no participéis en las obras infructuosas de las tinieblas, sino más bien reprendedlas...

Entonces tu tarea es desenmascarar esas obras diabólicas con el propósito que dejen de tener el efecto que hoy puedan estar teniendo sobre la vida alguna persona y que con eso pierdan el efecto del elemento sorpresa porque al saber cómo resultará determinada situación, sencillamente se debe privar de aquello que le puede ceder lugar al diablo.

La Opresión Mental

Para empezar a desarrollar la enseñanza de este capítulo, voy a citar un versículo que es muy

puntual, acerca de un hombre que comenzó con una
fortaleza mental, siguió con un trastorno mental y
por último Satanás logró establecer una fortaleza
demoniaca, me refiero a la historia del gadareno.
Por supuesto que la historia del gadareno en la
Biblia se limita al momento cuando se encuentra con
Jesús y El lo libera, pero detrás de esa historia hay
muchas cosas que debes saber por el enfoque que
puede tenerse en su padecimiento acerca de la
fortaleza mental porque no es algo sencillo, es algo
que está íntimamente relacionado con la vida de una
persona, su forma de desarrollar, sus habilidades, sus
capacidades, su potencial, etc.

Toda la historia descrita en la Biblia es importante,
pero voy a describir solamente un versículo:

Marcos 5:15 Y vienen á Jesús, y ven al que había
sido atormentado del demonio, y que había tenido la
legión, sentado y vestido, y **en su juicio cabal**; y
tuvieron miedo.

Juicio cabal: G4993 sofronéo de G4998; tener la mente cabal.

Lo que quiero resaltar es el término griego porque es
una de las 17 palabras que están en el Nuevo
Testamento y que están relacionadas con la mente.

Según el Diccionario Thayer, dice lo siguiente:

- ✓ ser de mente sana
- ✓ estar en la mente correcta de uno
- ✓ en control en su manera de pensar
- ✓ pensar en uno mismo sobriamente

sofronéo es una palabra compuesta de 2 término: **1.- sozo, salvar; 2.- fren, mente.**

La Biblia dice que Dios hizo reposar sobre nuestro Señor Jesucristo los 7 Espíritus del Padre y así no dar lugar a las 7 fortalezas mentales del diablo; porque lo que necesitamos entonces es que tu mente la puedas controlar adecuadamente y no tu mente a ti; obviamente que eso involucra el hecho de controlar tu manera de pensar.

Por eso estoy dejando como ejemplo bíblico, la vida del gadareno porque el problema de aquel hombre era mental, el ataque que había padecido había sido a consecuencia de un dardo de las tinieblas directamente a su mente para entonces tener un ataque diabólico manifestado en su cuerpo de lo cual cuando llegó Jesús, pudo liberarlo y sanarlo.

Ahora bien, debes saber que toda la humanidad es vulnerable ante el proyecto de Satanás para ser atacado, a manera de levantar una fortaleza mental, un trastorno mental y finalmente una fortaleza demoniaca; al decir toda la humanidad, incluye a todo cristiano sin importar el nivel espiritual que pueda tener, jerarquía dentro de la Iglesia de Cristo, etc., todos somos vulnerables por lo cual Satanás siempre buscará la forma de romper cualquier muro de protección que encuentre en su camino. Por eso puedes ver que en la actualidad los problemas mentales se han incrementado como nunca antes.

Por eso es muy interesante que, Jesús, siendo Dios no se aferró a ser igual a Dios, como lo describe claramente la Biblia:

Filipenses 2:5-8 (LBA) Haya, *pues,* en vosotros esta actitud que hubo también en Cristo Jesús, **6** el cual, aunque existía en forma de Dios, no consideró el ser igual a Dios como algo a qué aferrarse, **7** sino que se despojó a sí mismo tomando forma de siervo, haciéndose semejante a los hombres. **8** Y hallándose en forma de hombre, se humilló a sí mismo, haciéndose obediente hasta la muerte, y muerte de cruz.

La esencia de Jesús era divina, pero por fuera, Su cuerpo y Su alma eran similar a la tuya, por eso dice la Biblia también lo siguiente:

Isaías 53:3 (LBA) Fue despreciado y desechado de los hombres, varón de dolores y experimentado en aflicción; y como uno de quien *los hombres* esconden el rostro, fue despreciado, y no le estimamos.

Jesús comía, bebía, dormía, oraba, fue tentado en todo pero sin haber caído en pecado, a diferencia de la humanidad que lamentablemente somos sometidos a determinadas tentaciones en general y oportunamente caemos, por supuesto que tentación no significa solamente de tipo sexual porque el pecado no involucra solamente esa área de la vida de una persona; alguien puede ser tentado en murmuración, falsedad, etc.; pero mientras que nosotros podemos caer en cualquier tentación, Jesús no cayó en ninguna, por eso dice también:

Juan 16:33 (LBA) Estas cosas os he hablado para que en mí tengáis paz. En el mundo tenéis tribulación; **pero confiad, yo he vencido al mundo**.

Siendo Dios se hizo hombre y siendo hombre venció al mundo.

Isaías 11:2 (RV) Y reposará sobre él el espíritu de Jehová; espíritu de sabiduría y de inteligencia, espíritu de consejo y de **fortaleza**, espíritu de conocimiento y de temor de Jehová.

Estas son ministraciones que vienen de Dios, son influencias sublimes en contra las 7 influencias de fortalezas mentales.

Fortaleza: H1369 gebûrâh

Definición: fuerza, poder, fortaleza, poderío, valor, valentía.

El espíritu de poder o fortaleza impide las influencias de opresión de diablo, asignamiento o apegos de tinieblas, y así mismo los otros 6 Espíritus de Dios.

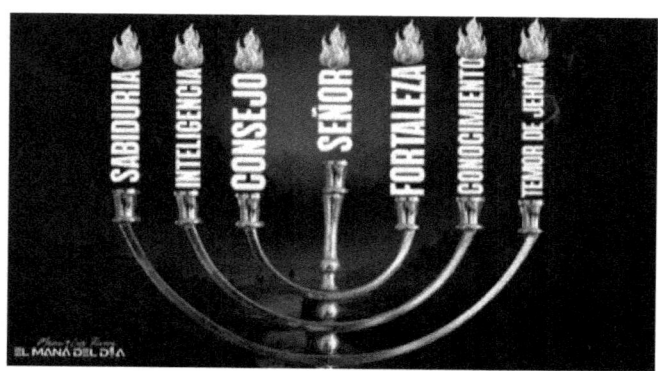

Las 7 influencias sublimes de Dios contra las 7 fortalezas de las tinieblas; pero debo resaltar que las 7 influencias de Dios son capacidades mentales que Dios Padre le ministró a Jesús mientras estuvo en la Tierra en calidad de cordero de Dios, por supuesto que una vez que cumplió el plan del Padre, recuperó toda Su divinidad y no necesita de esas influencias mentales; ahora somos nosotros los que las necesitamos porque la batalla es en contra nuestra; pero esos espíritus a favor tuyo son la proactividad de Dios en contra de los 7 espíritus de apego que vienen a través de la opresión para establecer fortalezas mentales dentro de las cuales están las siguientes:

Las 7 clases de fortalezas básicas:

1.- El temor
2.- La ira
3.- El rechazo
4.- La depresión
5.- Odiarse así mismo
6.- El abuso
7.- La negatividad

Comenzaré a explicar lo que hace la fortaleza del temor en una persona que ha sido oprimida por un espíritu de apego. Por eso es necesario que cuides tu vida en todo momento, que el espíritu de discernimiento esté activo para detectar los engaños del adversario y así no caer en sus trampas.

PRIMERA FORTALEZA: EL TEMOR

Abre la puerta a los demonios o espíritus más cercanos en el ambiente, es como un preparador de

caminos para que los otros espíritus de las tinieblas se les facilite la entrada.
El temor es el que abre las puertas a otros espíritus. No necesariamente es el más poderoso, pero sirve como uno que abre las puertas, una vez se abrió la puerta, puede haber otros espíritus por dentro.
El temor y la fe no pueden habitar juntos.
Debes aprender a tratar con el temor en tu vida, lo cual es con la valentía.

La Biblias deja ver cómo opera el temor y obviamente eso es lo que busca el reino de las tinieblas, pero tú estás llamado a conocer esa forma de trabajar para poder contrarrestarla.

Job 3:25-26 (RV60) Porque **el temor** que me espantaba me ha venido, Y me ha acontecido lo que yo temía. **26** No he tenido paz, no me aseguré, ni estuve reposado; No obstante, me vino turbación.

✓ Los efectos secundarios son que no tiene paz, no vive seguro, no pudo reposar y empezó a vivir turbación.

✓ El temor es una fe negativa que opera como un magnetismo y que a la vez se esté gestando una situación a través de ese temor.

La ciencia dice que, el estado psicológico del miedo nos afecta biológicamente (Carole Lieberman, Psiquiatra de los Ángeles).

Ahora lo que necesitas conocer es cómo se manifiestan esos síntomas cuando alguien está bajo el ataque de una fortaleza; para lo cual se debe recurrir a lo que ya se conoce y son los efectos en el cuerpo porque con lo que se piensa, se conecta todo el cuerpo, por eso es que el adversario busca el control de la mente, para poner como su primer semilla dentro de la persona en base al temor; porque eso hace que la persona esté vulnerable, sensible por algo que padeció, está con la memoria de alguna situación negativa como parte de su mentalidad y aunque en su momento no llegó a causarle tanto daño, ahora con un activador por cualquier situación, revive lo que ya está en su memoria como un recurso negativo que usará el diablo.

La Psicología Del Temor

El temor la madre de las emociones

Los científicos han descubierto, cuál es la psicología del temor, ellos dicen que el temor es como la madre de las emociones; eso significa que si el temor es la madre de las emociones, hace su efecto y a partir de ahí, cualquier otra emoción negativa será posible.

El problema es que, al tener ese dardo del enemigo en la mente, lo desarrollará en la base de aquel evento que se padeció como parte del inicio que daría paso a la fortaleza del miedo. Cuando ya se ha iniciado aquel proceso de la psicología del temor, entonces empieza a manifestarse en el cuerpo con lo siguiente:

- ✓ El corazón empieza a palpitar más rápido.

- ✓ Los pulmones a bombear y los músculos adquieren una ola de glucosa energizante.

- ✓ Las hormonas del estrés también actúan en el cerebro, creando un estado de alta alerta y súper cargando el circuito envuelto en la formación de la memoria.

Observa cómo es que todo el cuerpo es afectado a raíz de la fortaleza del temor, porque cuando llegas al punto de orar para liberar a una persona, no solamente se trata de echar fuera el espíritu de temor, sino que debes hablarle a las partes que han sido afectadas a través de la fortaleza mental, del trastorno mental y aún de la fortaleza demoniaca, hasta donde esté influenciando:

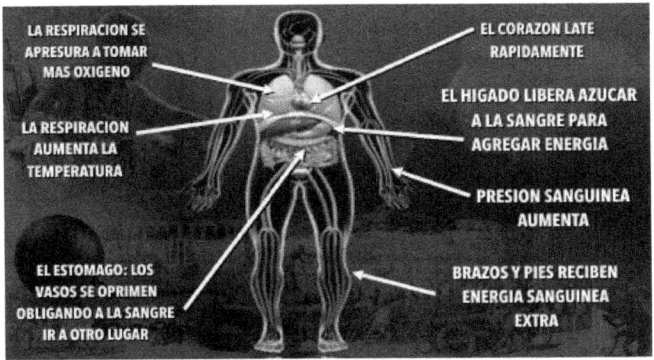

1.- El corazón late más rápidamente
2.- La respiración se apresura a tomar más oxígeno
3.- La respiración aumenta la temperatura
4.- El hígado libera azúcar a la sangre para agregar energía
5.- La presión sanguínea aumenta
6.- En el estomago, los vasos se primen, obligando a la sangre a ir a otro lugar
7.- Brazos y pies reciben energía sanguínea extra.

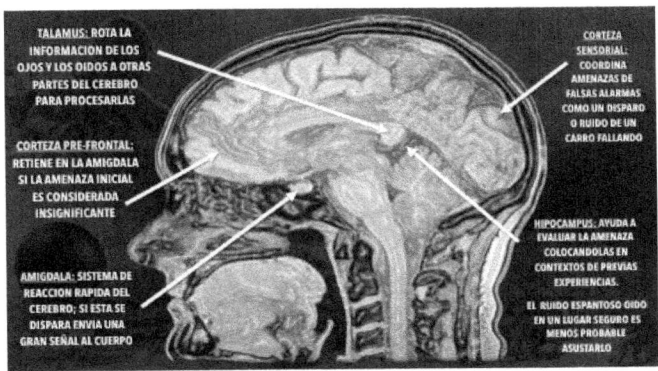

1.- Talamus: rota la información de los ojos y los oídos a otras partes del cerebro para procesarlas.

2.- Corteza pre-frontal: retiene en la amígdala si la amenaza inicial es considerada insignificante.

3.- Amígdala: sistema de reacción rápida del cerebro; si esta se dispara envía una gran señal al cuerpo.

4.- Corteza sensorial: coordina amenazas de falsas alarmas como un disparo o ruido de un carro fallando.

5.- Hipocampus: ayuda a evaluar la amenaza colocándolas en contextos de previas experiencias. El ruido espantoso oído en un lugar seguro es menos probable ser asustado.

El efecto del cerebro lo expuse como segundo punto, sin embargo es lo principal para que después ejerza efectos en el cuerpo, o sea, lo que expuse primero; pero realmente es de la parte del cerebro donde se origina el temor, es ahí donde el adversario empieza a atacar a través del espíritu de apego abriéndose paso a través de la opresión sobre la base de una experiencia negativa donde se activó el síntoma del temor y con el transcurrir de los años empieza a entrar en un estado de latente, pero sigue estando ahí, no hubo una sanidad interior, no hubo un consejo o proceso que le ayudara.

De aquí puedo decir entonces que es el origen de los problemas del corazón, parálisis faciales, porque hay un efecto en todo el cuerpo lo cual obviamente abarca el sistema nervioso.

Por eso dice la Biblia que dentro de la armadura de Dios, debes ponerte el yelmo de la salvación, porque de esa forma estarás protegiendo tu cerebro, tu mente y evitarás toda fortaleza demoniaca.

Efesios 6:11 (LBA) Revestíos con toda la armadura de Dios para que podáis estar firmes contra las **insidias** del diablo.

De la palabra insidias, es de donde proviene el término, modus operandis, o sea, el modo de operación, esquemas de Satanás y la única forma de poder estar firmes ante los ataques debidamente orquestados del diablo, será teniendo debidamente la armadura de Dios; ¿cuál es esa armadura?

Efesios 6:14-17 (LBA) Estad, pues, firmes, CEÑIDA VUESTRA CINTURA CON LA VERDAD, REVESTIDOS CON LA CORAZA DE LA JUSTICIA, [15] y calzados LOS PIES CON EL APRESTO DEL EVANGELIO DE LA PAZ; [16] en todo, tomando el escudo de la fe con el que podréis apagar todos los dardos encendidos del maligno. [17] Tomad también el YELMO DE LA SALVACIÓN, y la espada del Espíritu que es la palabra de Dios.

Muchos cristianos no le brindan la importancia que merece el hecho de ponerse la armadura de Dios cuando se descubre qué parte es la que Satanás atacará porque ha detectado que es vulnerable; el yelmo de la salvación porque podría haber una grieta en la manera de pensar, porque tiene en su memoria una herida que ha sido atacada desde su niñez lo cual pudo haber llevado a una persona a que sea de doble ánimo, hoy piensa de una forma y mañana de otra, el diablo detecta inestabilidad en la forma de pensar de aquella persona.

Cada cristiano debe ser consciente de los problemas que puede estar enfrentando y ponerse el yelmo de la salvación por aquella situación que es vulnerable en su vida; pero al referirme a yelmo de la salvación no está hablando a una salvación redentora porque eso ya lo hizo el Señor Jesucristo; está refiriéndose a lo que puede salvar de ataques presentes o futuros por parte del enemigo; dicho en otras palabras, lo que está diciendo entonces es que, debes trabajar para restaurar tu mente.

Alguien podría decir que todo lo que le sucede es por voluntad de Dios y no hace nada a favor suyo para salir de aquellos ataques del diablo, pero la Biblia dice:

Eclesiastés 7:17 (LBA) No seas demasiado impío, ni seas necio. **¿Por qué has de morir antes de tu tiempo?**

Eso me deja ver que, si bien es cierto que Dios tiene contados tus días, también es cierto que hay algo que debes hacer a favor de tu libertad para no morir antes de tiempo.

Otras Áreas Que Afectan La Psicología Del Temor

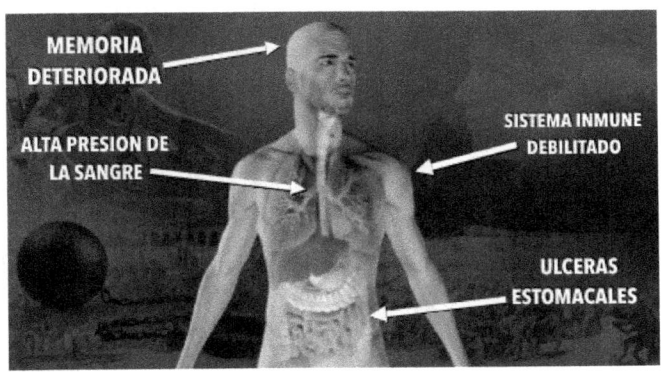

1.- Memoria deteriorada
2.- Alta presión de la sangre
3.- Ulceras estomacales
4.- Sistema inmune debilitado

Constante estrés es experimentado en el hombre o mujer por causa del temor.

La opresión o apego es una estrategia maligna del reino de las tinieblas.

Examinemos a la luz de la Biblia, el ejemplo del pueblo de Israel que trabajaba bajo la opresión de Faraón:

Éxodo 1:11 Entonces pusieron sobre ellos capataces para **oprimirlos** con duros trabajos. Y edificaron para Faraón las ciudades de almacenaje, Pitón y Ramsés.

El enemigo había trabajado para asignarle personajes al pueblo de Israel para que vivieran oprimidos con duros trabajos y fueran esclavos.

Definición De Opresión

✓ El significado del diccionario de la palabra opresión es el ejercicio de la autoridad o el poder de una manera gravosa, cruel o injusta.

✓ Si una persona está oprimida, algo del exterior la está presionando.

✓ Opresión significa sobrecargar, abrumar, abrumar o dominar. Cuando una persona está oprimida, se siente dominada por alguna fuerza externa.

Lo que puedes ver aquí es que había un ataque a la mente de aquel pueblo que tenía promesa del único Dios verdadero Todopoderoso; sin embargo, el ataque había llegado a crear una fortaleza de temor que les trajo duda respecto a quiénes eran y eso los llevó a ser esclavos por mucho tiempo.

Si alguien que está siendo atacado por Satanás, no hace nada a favor suyo, seguirá en esa condición hasta que el adversario lo termine destruyendo por completo. Si eres cristiano, debes saber que Dios es Jehová de los ejércitos y que la misma Biblia dice que Él es varón de guerra, de manera que si eres hijo de Dios, también debes tener esa insignia, no te estoy diciendo que seas una persona de carácter difícil o imposible de llevarse con los demás; pero si logras detectar que hay una operación de las tinieblas que está operando en contra tuya, debes levantarte en el nombre de Jesús y buscar ayuda para contrarrestar ese ataque.

Éxodo 15:3 (RV 1960) Jehová es varón de guerra; Jehová es su nombre.

Salmos 84:12 (RV 1960) Jehová de los ejércitos, Dichoso el hombre que en ti confía.

Satanás lo que busca es que pierdas tu identidad para hacerte creer que Dios no está contigo, que olvides Sus promesas y por último, que llegues a creer que te mereces lo que estás viviendo, que vivas acusado bajo un juicio y condenado, por eso Satanás pretende ponerte fortalezas en tu mente.

Oprimido: καταδυναστεύω **(katadunasteuo):** un compuesto de κατα (kata) y δυνάστης (dunastes)

- ✓ La palabra κατα (kata) lleva la idea de dominación.
- ✓ La palabra δυνάστης (dunastes) describe a un tirano dominante.

Cuando se combina, representa el poder opresivo de un tirano malvado; quien gobierna y tiraniza cruelmente a sus súbditos; intimidación; crueldad; despotismo; dictadura; atmósfera gravosa.

La palabra opresores que es usada en el libro de Isaías, es la misma que en el libro de Éxodo es usada como capataces.

Para definir la operación de los espíritus genéricos, se puede considerar lo siguiente:

Apego de las tinieblas u opresión

- ✓ Ejercicio injusto o cruel de autoridad o poder, especialmente mediante la imposición de cargas.
- ✓ La condición de estar abrumado.
- ✓ Un acto de presionar.
- ✓ Una sensación de pesadez u obstrucción en el cuerpo o la mente. (Merriam-Webster Third International Edition).

No obstante, por complejo que pueda parecer todo esto, mi trabajo de parte de Dios es explicar la naturaleza de este tipo de problemas, ahora visto como fortaleza mental, lo cual no debes verlo como algo insignificante porque es parte de la sutileza del adversario. Por eso puedes encontrar en la Biblia cómo es que de forma muy directa:

- ✓ Renovar el espíritu de la mente.
- ✓ Transformarnos mediante la renovación de nuestros pensamientos.
- ✓ Destruir las fortalezas mentales, toda especulación que se levanta en contra del conocimiento de Dios.

Hechos 10:38 Vosotros sabéis cómo Dios ungió a Jesús de Nazaret con el Espíritu Santo y con poder, el cual anduvo haciendo bien y **sanando** a todos **los oprimidos por el diablo**; porque Dios estaba con El.

El apego: esto es lo que la mayoría le llama **opresión**.

[oprimido] Griego: katadunasteuo (G2616), dominar o ejercer un control duro sobre alguien; usar el poder contra alguien.

La verdad que no se conoce de la opresión

La opresión influye en los pensamientos, actitudes, sentimientos y comportamientos de las personas y cómo influye en el bienestar y la salud de las personas.

2 Corintios 10:4 ...porque las armas de nuestra contienda no son carnales, sino poderosas en Dios para la **destrucción de fortalezas**; **5** destruyendo especulaciones y todo razonamiento altivo que se levanta contra el conocimiento de Dios, y poniendo todo pensamiento en cautiverio a la obediencia de Cristo...

Un punto que debo resaltar aquí es que, si la lucha no es carnal, no es física, eso significa que es espiritual, eso significa que tu fe tiene un lugar muy importante en todo esto, principalmente porque es parte de la armadura de Dios; entonces lo que debes buscar es el conocimiento que te llevará a saber cómo derribar esas fortalezas; así como una persona sabe cómo destruir un muro, sabe cuál es el punto débil para empezar a destruirla, igual puede ser en lo espiritual, razón por la cual necesitas estar debidamente equipado.

Si con argumentos legales fue que entraron a tu vida, recuerda esto:

1 Juan 2:1 (LBA) Hijitos míos, os escribo estas cosas para que no pequéis. Y si alguno peca,

Abogado tenemos para con el Padre, a Jesucristo el justo.

Seguramente que tú no sabes como revocar aquello en lo que el diablo se apoyó para atacar tu mente, pero el Señor Jesucristo si lo sabe y está presto para auxiliarte como tu abogado en la corte celestial.

El Proceso Conceptual De Las Fortalezas Psicológicas Antes De Llegar A Ser Espirituales

Capítulo 6

Hasta aquí podría decir que has tenido la oportunidad de leer y estudiar de manera detallada la forma en que se desarrolla una fortaleza mental. Considero que la mayoría de cristianos han leído alguna vez que, existen las fortalezas mentales, consecuentemente eso debe llevarte a saber que hay diferentes ángulos de significados de fortalezas, por lo tanto puedo decir que es dimensional el tema de las fortalezas, pero también es necesario saber que esas fortalezas deben ser destruidas en el nombre de Jesús con las armas de luz que Dios ha provisto; por supuesto que para llevar a ese punto, también es necesario conocer el modus operandis de una fortaleza mental, su dinámica, la naturaleza, etc., la mayoría de la cristiandad no tiene idea de cada uno de esos puntos, no obstante que también podría ser que un 70% podrían estar batallando con una fortaleza mental.

Pensar por un momento acerca del porcentaje que mencioné en relación a la Iglesia de Cristo que está batallando contra una fortaleza mental y que lo hacen en silencio quizá; es como el hecho de pensar que la Biblia dice claramente que debes cambiar tu forma de pensar, es algo que lo sabes tú y casi toda la cristiandad lo sabe, sin embargo, la mayoría no sabe cómo hacer ese cambio en su forma de pensar; por supuesto que esto involucra a cristianos con muchos años en el evangelio así como a los que son recién convertidos, pero quiero pensar más en aquellos que tienen muchos años de carrera cristiana y a la fecha siguen sin poder cambiar su forma de pensar porque no saben cómo hacerlo, siguen batallando con pensamientos no renovados los cuales se convierten en fortalezas mentales cuando son aprovechados por el mundo espiritual de las tinieblas, principalmente cuando son pensamientos que están íntimamente relacionados con experiencias negativas o dolorosas del pasado; es ahí donde puedo decir que existe una necesidad para exponer este tipo de estudios a la luz de la palabra y ayudados por el Espíritu Santo, que sepan qué hacer para alcanzar la plenitud de vida que Dios desea conceder.

Todo esto es a lo que obedece entonces el título principal de este capitulo: **el proceso conceptual de las fortalezas psicológicas antes de llegar a ser espirituales,** eso significa que las fortalezas mentales no inician siendo una fortaleza espiritual; porque cuando me refiero a una fortaleza espiritual, es porque ya hubo intervención y manipulación de un espíritu dentro del sistema de pensamientos de una persona; porque debes recordar que una cosa es mentalidad, otra es fortaleza mental, otra trastorno mental y otra es fortaleza demoniaca;

por eso en este capítulo quiero enfocarme en ese proceso conceptual donde verás terminología, palabras, hechos que están relacionados con esa realidad que el ser humano en general y más específicamente el cristiano es muy vulnerable a ser atacado y que puede batallar con una fortaleza mental, aunque pueda estar llegando a la Iglesia, esté sirviendo, etc., pero al encontrarse sólo, empezará a enfrentarse con esa fortaleza mental.

Desarrollo Conceptual De Una Fortaleza

Para empezar, el desarrollo conceptual puedes verlo desde los siguientes puntos:

> **La mentalidad formada durante nuestro desarrollo.**
> Desde los primeros años cuando empiezas a ser informado durante la niñez, empieza tu desarrollo como persona en casa de tus padres, en el centro educativo, en todos los lugares donde puedes tener cierto desarrollo, ahí empieza la mentalidad dependiendo de la cultura que esté influenciando ese medio ambiente en el cual te hayas desarrollado lo cual incluye el tipo de vida social que te rodea, los prejuicios, los peligros, la violencia, etc., eso es lo que te forma una mentalidad.

Los pensamientos negativos.
A raíz de esa mentalidad con la que fuiste formado, entonces viene la fase de los pensamientos negativos, lo cual viene a darle paso a la siguiente fase.

La memoria del pasado doloroso no sanado.
Cuando se empieza a experimentar este punto, es donde surge la fortaleza mental.

La fortaleza mental.
Cuando se llega a esta fase y continúa sin dársele la importancia necesaria, llega a la siguiente fase.

Los trastornos mentales.
Aquí es cuando la persona podría estar batallando con tipos de problemas en la mente, enfermedades mentales, o sea, trastornos mentales, pero eso no significa solamente demencia, paranoia, esquizofrenia, sino también depresión, ansiedad y aún en estrés que son enfermedades o trastornos mentales.

Fortaleza demoniaca.
Por ultimo está la fortaleza demoniaca, esta es la meta de todo espíritu de apego, espíritu asignado, espíritu vinculado en la vida de una persona, porque ha tratado de abrirse paso a través de todas las circunstancias y fases de vulnerabilidad, a manera de encontrar el derecho de permanecer en la

> mente de aquella persona y que se convierta entonces en una fortaleza demoniaca, lo cual conlleva a la necesidad de liberar a esa persona, porque no solamente corre peligro la persona que vive con una fortaleza demoniaca, sino también los que están a su alrededor.

Dentro de todas estas fases, es necesario que haya una intervención antes de que llegue a su metal final la cual es la fortaleza demoniaca.

Ahora bien, como todo esto es una explicación conceptual de lo que es una fortaleza, expondré el ejemplo físico o literal y bíblico de la razón por qué, tanto en Jerusalén, el pueblo de Israel levantaba fortalezas, aún ciudades como Jericó levantó fortalezas. De manera que, al explicar el concepto literal de la fortaleza que existían en de acuerdo a lo que la Biblia relata, eso mismo te permitirá comprender por qué también la Biblia describe fortalezas, pero en la mente.

Fortalezas

Literalmente: Las fortalezas eran construidas con el propósito de mantenerse a salvo de las incursiones enemigas.

Es interesante que, una fortaleza no solamente no permitía la entrada de invasores enemigos, sino también podía limitar la salida de la gente que vivía dentro de la fortaleza; tenía doble función, impedir que entraran y que salieran.

Espiritualmente: El reino de las tinieblas también construye fortalezas para mantener a Dios fuera del pensamiento del cristiano.

La Biblia dice que se debe derribar razonamiento que se levanta contra el conocimiento de Dios, pero por supuesto que está hablando dentro del concepto de la fortaleza. Por lo que, para comprender este mecanismo, es necesario primero considerar el significado literal para saber cómo es la función espiritual, por eso hablo de la fortaleza que hubo en Jerusalén la cual fue derribada por el rey de babilonia y su ejército; lo mismo sucedió cuando Josué y sus ejércitos iban en pos de la tierra prometida y tuvieron que derribar las murallas de Jericó para poder abrirse paso y tomar la tierra que Dios les había prometido.

Por eso la intención del reino de las tinieblas es que las personas queden atrapadas en sí mismas y que su vida sea cíclica con la negatividad de aquello que el enemigo utilizó para iniciar el desarrollo de su estrategia de levantar una fortaleza mental.

2 Corintios 10:4 (VMP) (porque las armas de nuestra milicia no son carnales, mas son poderosas en Dios **para demoler fortalezas**,) 5 derribando razonamientos [soberbios], **y toda cosa elevada (ALTIVEZ)** que se ensalza contra el conocimiento de Dios, y poniendo todo pensamiento en cautiverio a la obediencia de Cristo…

Nota entonces que Dios te provee de Sus armas poderosas para demoler la fortaleza, eso significa que el reino de Dios sabe que el cristiano puede ser trabajado por el reino de las tinieblas para levantar fortalezas.

Dios sabe que el cristiano es víctima por su vida pasada porque estuvo bajo operación de levantar fortaleza, por eso dice la Biblia que las armas de nuestra milicia no son carnales, mas son poderosas en Dios para la destrucción de fortalezas.

La estrategia de una fortaleza enemiga está basada en levantarse contra el conocimiento de Dios, impedir que la gente crezca espiritualmente, ¿cómo?, ocupándolo en un pensamiento relacionado con un pasado, es ahí donde empieza a trabajar cuesta arriba para adquirir más conocimiento; ese es el plan de Satanás.

El primer principio para alcanzar la victoria en la guerra espiritual es tener el correcto conocimiento o la correcta información, acerca del enemigo.

✓ La guerra espiritual no es tanto por lo que ves o haces, sino por lo que conoces y su debida aplicación. Por eso, cuando logras discernir al adversario por cada manifestación que tiene, eso mismo te lleva a saber que tiene un nombre. Oportunamente he enseñado que, así como Jesús se presenta como el Alfa y la Omega, el principio y el fin, está diciendo que tiene las 22 letras del alefato hebreo; Satanás lo copia, porque al no ser creador de nada, tiene que ser imitador, de manera que así mismo como Jesús es Alfa y Omega, Satanás tiene su alfa y omega, tiene 22 nombres que están en la Biblia y eso deja ver las 22 manifestaciones que tiene el reino de las tinieblas.

Por ello, si conoces la manifestación de aquel demonio, debes conocer su nombre y qué es lo que puede hacer en tu vida; por consiguiente, Dios te permite conocer la forma de cómo vencerlo en el nombre de Jesús.

✓ Por eso en la Biblia encuentras que las fortalezas enemigas están basadas en levantarse contra el conocimiento de Dios.

Simbolismo De Fortalezas

Si a todo esto le añadimos lo que he llamado como simbolismo de fortalezas, como estas:

Fortaleza como un cuartel en la mente.
Fortaleza sistema de cautiverio (en la mente) y no esclavitud (en lo físico).
Fortaleza espiritual de lugares físicos.
Fortalezas de casas en las familias.
Fortalezas de una religión (tradiciones, legalismo).
La educación puede ser una fortaleza contra la fe (por el ateísmo actual).
La fortaleza que tiene un espíritu de control.

La Fortaleza Psicológica

La fortaleza es mental y como consecuencia es fortaleza psicológica.

Fortaleza por definición es la fortificación de un pensamiento contrario que está formado en la mente.

✓ Fortaleza es el lugar de protección que tiene el reino de las tinieblas contra una persona y le permite guardar las ideas, los planes y proyectos en contra del creyente.

✓ La Biblia le llama pensamientos contrarios o cautivos.

Difícilmente podría decir que algún cristiano se prestaría para guardar ideas, planes y proyectos de Satanás, en su sistema mental; sin embargo, como Satanás es padre de toda mentira y al carecer de conocimiento acerca de la fortaleza, puede hacer que alguien guarde en su sistema mental ideas, planes y proyectos satánicos que a la vez son contrarios a la salud mental, física de una persona, así como a las promesas de Dios que todo cristiano está supuesto a experimentar.

Satanás lo que busca entonces es que la Iglesia de Cristo tenga poco o nada de conocimiento respecto al cómo o el porqué de una fortaleza mental, porque su propósito es que tu mente sea como una bodega donde él guarda sus ideas, planes y proyectos.

La definición de la fortaleza psicológica:	
1. Si abarca el pensamiento, abarca la mente. Por supuesto que esto involucra el ataque hacia los químicos de los pensamientos, neurotransmisores, eso hará que fluya hacia las neuronas y a su vez atacará el cerebro. **2.** Si abarca la mente, abarca el alma y de ahí se vuelve la fortaleza psicológica.	La fortaleza psicológica es donde Satanás se protege a sí mismo y se garantiza ejercer influencia sobre la persona, usando la información negativa o trastocando otra.

La Biblia describe que la fortaleza pone en cautividad el pensamiento.

✓ Si alguien batalla con una fortaleza mental, debe de saber que posiblemente fue puesta desde antes de venir a Cristo. No puedo negar que los estragos del ser humano están encerrados en su propia mente.

Aquí tendría que describir cuál es el detonante para que Satanás ataque los neurotransmisores, los químicos del pensamiento: sencillamente por lo que alguien ve, escucha y por lo que se vive. Una palabra crea un pensamiento y según el tipo de palabra, buena o mala; si es mala entonces hará que los neurotransmisores y los químicos del pensamiento sean contaminados por esa simple palabra mala, pero que lleva información con el propósito de destruir, de tal manera que solamente basta con decir una pequeña oración y la mente logrará desarrollar toda la imagen que lleva como producto de un recuerdo malo, doloroso, dañino o negativo. Por eso debes cuidar tus palabras como también lo que escuchas porque las palabras tienen poder intrínseco; sean palabras buenas como malas, tienen poder de manipular la mente.

Nota entonces cómo es el ataque porque al final si una neurona es contaminada, contaminará las demás porque entre todas llevan la idea para formar imágenes en la mente, de manera que, al atacar la mente, se puede llegar al alma y de ahí se puede convertir en una esfera psicológica.

Las Fortalezas y Las Actitudes

Proverbios 18:19 (LBA) El hermano ofendido es más difícil de ganar que una **ciudad**

fortificada, y las contiendas son como cerrojos de fortaleza.

En este pasaje se revela una fortaleza que ha afectado la actitud de una persona. Aquí puedes ver cómo la Biblia describe en concepto a una persona que, por una experiencia se le estaba formando una fortaleza; porque una persona ofendida, empieza a permitir que sus pensamientos se desarrollen tanto, pero de manera negativa, que se victimiza, justifica o argumenta como lo que vivió y eso viene a afectar muchas áreas de su vida, por ejemplo:

✓ Sentimientos y emociones
✓ Actitudes y conducta
✓ La salud
✓ La economía
✓ El círculo social, comunión con los demás (koinonia)
✓ La familia
✓ El presente y el futuro, etc.

Por eso la Biblia enfatiza a este respecto, señalando que esas fortalezas producto de situaciones negativas, deben ser demolidas.

2 Corintios 10:4-5 (VMP) (porque las armas de nuestra milicia no son carnales, mas son poderosas en Dios **para demoler fortalezas**,) ⁵ derribando razonamientos [soberbios], **y toda**

cosa elevada (ALTIVEZ) que se ensalza contra el conocimiento de Dios, y poniendo todo pensamiento en cautiverio a la obediencia de Cristo...

(Altivez) Hupsoma #G5313: altanería, oposición, orgullo.

Significa: Un lugar elevado o cosa que crea una barrera en las mentes de las personas.

En lo físico puedes ver que, cuando una construcción está agrietada, la sugerencia de un experto es que esa construcción sea demolida.

El Autismo Espiritual

El trastorno de desarrollo del autismo es un interesante paralelismo en este principio espiritual. En el autismo, las mentes de quienes lo sufren parecen existir en un mundo propio y no ven otras realidades exteriores.

✓ Los niños que sufren de autismo tienen poca o ninguna capacidad de formar relaciones sociales porque sus mentes parecen existir en un mundo propio.

- ✓ Igualmente, el espíritu de las fortalezas atrapa a muchos en fortalezas en la mente, creando una barrera contra el conocimiento de Dios.

- ✓ Es la concentración de una persona en su propio mundo interior y la pérdida progresiva de la realidad de Dios en su vida.

- ✓ Las fortalezas mentales es estar atrapado en los círculos viciosos.

Los Efectos De Fortalezas Mentales

Esa es la forma en la que opera el reino de las tinieblas en la mente. Cuando una persona es afectada en la mente con pensamientos negativos constante o permanentemente, significa que su mente ha sido secuestrada por Satanás.

Satanás hace que las personas no salgan de ese pensamiento negativo.
La mente es redirigida al propósito del maligno.
Es llamado también cautiverio o cautividad.
La mente tiene la capacidad de dirigir al cuerpo y ordenarle lo que desea hacer con ese cuerpo.

Así satanás se asegura que la persona someta el cuerpo al pensamiento negativo o mente secuestrada.

Esto es una realidad que no se puede negar, lamentablemente la mayoría de los cristianos que no creen o no están conscientes de cómo opera una fortaleza mental, son más vulnerables porque llegaran pensamientos repetitivos de eventos dolorosos o que causaron incomodidad en su alma y eso mismo hará que empiece a perder energía en su cuerpo, experimentará desánimo, se empieza a aislar, entra en tristezas, enojos, etc., lo que lo lleva a síntomas depresivos; de manera que eso es precisamente una fortaleza mental, estar recordando algo que te quita la energía, te desanima porque cuando tienes que hacer algo, no tienes la atención suficiente porque estás perdiendo energía en aquello que te está causando más dolor del que ya te ocasionó inicialmente.

Frecuentemente cuando una persona está con ese tipo de padecimientos, su actitud es reprimir aquella situación para que pase ese momento de crisis, pero eso no significa que hubo libertad, solamente fue una crisis que pasó pero de pronto volverá a causa de algo que sea el detonante para atraer el mismo pensamiento y se iniciará la misma experiencia que, si eso continúa de forma gradual, en el futuro se estará repitiendo más seguido, habrá menor tiempo entre una crisis y la otra pero cada vez será con mayor fuerza en que la humanidad de esa persona, sentirá que los síntomas son cada vez peores y más difíciles de administrar.

Cuando ya existe un desgaste por la fortaleza mental, eso significa que ha dejado de ser solamente fortaleza mental y puede ser que haya pasado a ser trastorno mental o peor aún, vaya rumbo a ser una fortaleza demoniaca porque entonces será un tormento más frecuente.

El Modus Operandis De Un Espíritu Formando Una Fortaleza Mental

A continuación, encontrarás un gráfico donde presento el esquema de cómo trabaja un espíritu que está formando una fortaleza mental:

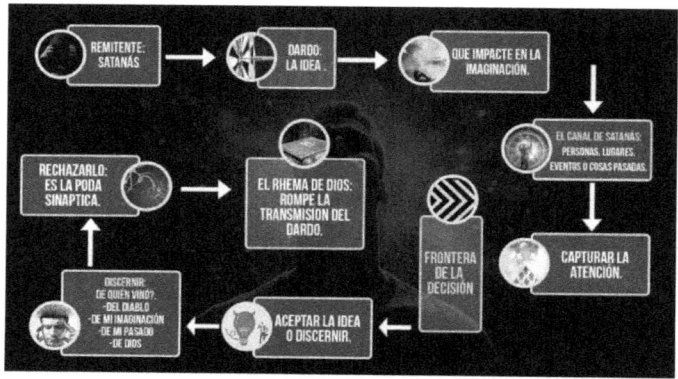

1.- El remitente de los malos pensamientos es Satanás.

2.- Lo hace a través de dardos encendidos (Efesios 6:16), son sus ideas que lanza a la mente del cristiano.

✓ **La idea de Satanás** es una mentira que pretende ser una verdad en tu mente, por ejemplo, cuando alguien llega a murmurarte, que otra persona está hablando calumniándote o que está diciendo cosas para desacreditar lo que haces, representas, la posición que tienes o quién eres; entonces trae una mentira a través de otra persona a manera que se convierta en una verdad de ti, de manera que apruebes que esa mentira te moleste tanto, que forme en tu alma el deseo de venganza por esa calumnia; pero todo es porque de alguna manera se ha creído en una murmuración que es totalmente falso. Para ello es que debe de ser renovada tu mente, para que las mentiras del maligno no computen en tu mente.

3.- Que impacte en la imaginación, o sea, imprimir en tu mente la idea, repetir imaginaciones o experiencias pasadas. El trata de activar experiencias pasadas que no hemos sanado u olvidado en nuestras mentes; entonces no es solamente el problema presente donde busca que una mentira se asimile como una verdad, sino que, ahora está usando impactar o repetir imaginaciones de experiencias pasadas.

4.- Los canales de Satanás significa usar personas, lugares, eventos o cosas pasadas que él pueda asociar a la idea que él lanzó, es como un refrescar tu memoria.

5.- Capturar la atención, lo que Satanás intenta y si lo logra, sabe que ha conseguido la respuesta que esperaba. El poder de Satanás solo opera a través de la imaginación y la exageración.

6.- La frontera de la decisión es dónde se define cuál será el final de esa idea diabólica, es decir aceptarla o discernirla para descodificarla y determinar el final del proceso.

7.- Si logras discernir la idea diabólica acerca de dónde llegó esa idea, del diablo, de tu imaginación, de tu pasado o de Dios, entonces el enemigo será estorbado en todos los pasos anteriores.

8.- Rechazarlo es la poda sináptica, cuando llegas al entendimiento que aquella idea no es de Dios, debes extirparlo de tu mente.

9.- El rhema de Dios rompe la transmisión del dardo que Satanás está lanzando.

Todo esto es un esquema muy práctico pero más útil de lo que no puedes imaginar, porque al llegar a la frontera de la decisión con el discernimiento que Dios te permite tener, entonces, si tienes el entendimiento que aquellas ideas no son de Dios, debes hacer una poda sináptica, cortar aquel pensamiento con el rhema de Dios, lo cual significa que pensarás en Sus promesas a tu vida por medio de predicación, enseñanzas, profecías, leyendo la Biblia, los sueños que has tenido de parte de Dios y creer en todo Su plan. Recuerda que Dios pagó un precio en la cruz del calvario por ti, de manera que debes despojarte de aquel pasado donde el diablo te tuvo atrapado, pero ya no existe literalmente, sólo en tu mente, de manera que debes trabajar en pos de despojarte de esa manera de pensar y destruir de esa manera esa fortaleza.

Ahora quiero que veas el siguiente esquema donde te presento los puntos y consecuencias negativas al no discernirlos ni tener una poda sináptica o rechazar esos pensamientos; en realidad es muy parecido el esquema al anterior, hasta el punto de la frontera, después es diferente:

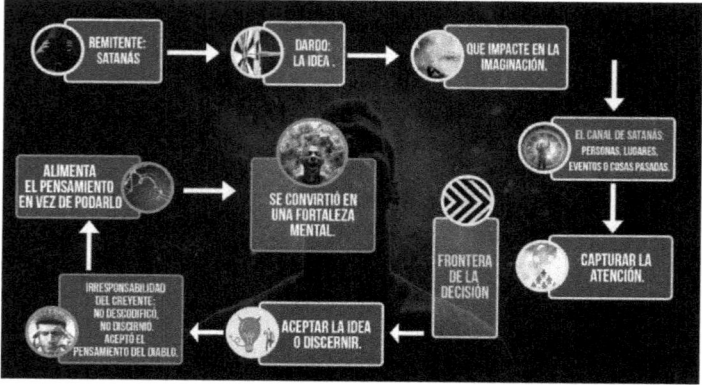

Después de la frontera de la decisión, al ver todo el trabajo que ha hecho Satanás tratando de formar esa fortaleza mental, entonces viene lo siguiente:

1.- Aceptar la idea o discernirla y rechazarla.

2.- Si el cristiano es irresponsable y no decodificó el pensamiento, no lo discernió, entonces aceptó el pensamiento del diablo.

3.- Como consecuencia se alimenta el pensamiento en lugar de podarlo, se empieza a repetir la idea negativa batallando en la mente.

4.-Eso dará lugar a que se convierta en una fortaleza mental.

Estoy presentando los pasos uno a uno y con mucho detalle porque desde el principio te expuse que sería el proceso conceptual psicológico antes que sea espiritual. Un punto que cabe mencionar aquí es el hecho que, alguien podría preguntar cómo se inicia la amargura en una persona hasta llegar a ser un espíritu de amargura; con lo cual debes recordar que la Biblia menciona la raíz de amargura, pero entonces debes saber que nadie vivirá estragos de amargura si primero no se dio la fortaleza mental.

Una amargura puede surgir por una injusticia que alguien padeció; eso puede llevar a desarrollar una rebelión, la rebelión conduce en la amargura que se va haciendo más profunda cada vez. Es por lo que cuando se llega al punto de la frontera donde se debe discernir la forma en que se está pensando y si se tiene el entendimiento que son pensamientos que no son de Dios, entonces deben ser desarraigados, debe haber una poda sináptica.

Alguien que haya padecido una injusticia empieza a pensar que no se merecía aquella situación alimentando sus pensamientos con argumentos de victimización, aunque podría tener razón, pero no para darle lugar a que esos pensamientos negativos cobren energía en la vida de aquella persona y termine dándole lugar a la fortaleza mental, porque, en el camino se va alimentando también el pensamiento de venganza.

1.- Te cuestionas en base a la injusticia.

2.- Te empiezas a victimizar.

3.- Empiezas a planificar una venganza en contra de lo que te hicieron.

4.- Batallas en cómo o qué hacer para olvida aquella situación.

5.- Sin embargo, cuando se llega el punto 4, también se piensa en que no se olvidará aquel mal recuerdo, es entonces cuando se convierte en una fortaleza mental.

6.- Todo empieza con un pensamiento repetitivo que se convertirá en una fortaleza mental hasta que se convierta en una amargura que se manifestará en todo el organismo, pero empezará en la mente con una serie de cuestionamientos.

La base de tu liberación es el poder de discernir los pensamientos y/o dardos del maligno que está enviando; eso es llamado también descodificar los pensamientos.

La transmisión de pensamientos o dardos del maligno, no es una cuestión de la noche a la mañana, es un progreso y tu deber es detenerlos y no alimentarlos con ideas pasadas, ni con experiencias negativas pasadas, porque entre más pensamientos permitas, más influencia tendrán sobre tu vida.

Un punto que debo resaltar aquí es que, no estamos desarrollando algo que no conozcamos por experiencia propia donde solamente por la misericordia de Dios es que hoy estamos en pie sin amargura, razón por la cual es que sentimos la necesidad de compartir toda esta información con el propósito de que, todo aquel que pueda identificarse con estos ataques, pueda tener esperanza que hay una oportunidad de ser libre. Aquí expusimos el proceso para que pueda ser puesto en práctica en el nombre de Jesús.

Es interesante que para llegar a comprender estos procesos conceptuales, donde el punto critico es la fortaleza mental; es necesario saber cómo piensas después de aquella experiencia dolorosa, cuando tu mentalidad fue formada durante tu desarrollo y que los primeros años de tu vida fueron los más importantes y que en tu mente aún conservas, ya sea de manera cultural algunas cosas que son las que te están afectando, inclusive las nuevas oportunidades y cambios de vida que Dios te está permitiendo; una nueva etapa, un nuevo lugar, un conocimiento mayor para que venga la inteligencia y sabiduría de parte de Dios y puedas alcanzar una vida totalmente diferente; identificar esa manera de pensar es importante para hacer una poda sináptica de lo que se deba extirpar en pos de continuar con el llamado que Dios te está haciendo.

Las Consecuencias De La Fortaleza Psicológica
(La influencia del dialogismo negativo)

Una fortaleza psicológica desarrollada, intoxica la esfera del pensamiento de la persona, de tal manera que, ahora tendrá dialogismo negativo que fortalecen más la fortaleza mental. Si no se sana o se rompe la etapa de la fortaleza psicológica, se entrará a la fase de ser influenciado por un dialogismo negativo.

Dialogismo Negativo De La Fortaleza Psicológica

> Un pensamiento si se convierte en dialogismo negativo (pensamiento malo o intoxicado) puede transformarse en peligroso para el cuerpo, emociones y el espíritu humano.

No solamente está en los neurotransmisores, en los químicos del pensamiento, en las neuronas, sino que ahora llegará a las emociones, al alma, incluso afectar el espíritu humano. Puede haber desánimo en el alma, pero también puede haber decaimiento en el espíritu.

Todo pensamiento tiene una medida (se pueden medir), son activos, crecen y cambian, influyen en la decisiones, palabras, acciones y reacciones físicas.

Crecen porque son como raíces que empieza a extenderse bajo la tierra ensanchándose. Es interesante que los pensamientos son como dendritas y crecen profundizando así el pensamiento.

Cada vez que surge un pensamiento, el cerebro y el cuerpo cambian en forma activa para bien y para mal.

Los dialogismos malos son llamados en el griego pensamientos poneros, es decir, malos o tóxicos, perforan la mente como resultado de un abuso o un trauma horroroso.

La palabra **dialogismo** es de origen griego y aparece en la Biblia en el Nuevo Testamento y se traduce en español como **pensamiento**.

Los dialogismos poneros afectan a la gente en todo tiempo, lugar, todos los días.
En la esfera del dialogismo poneros y/o pensamientos malos o tóxicos, hay 9 cosas que lo componen.

Es como una estructura donde primero es el pensamiento, emociones, las palabras, las decisiones, sueños, ideas, fe, amor, salud; todas estas cosas son afectadas o envenenadas por el dialogismo poneros (pensamientos malos o tóxicos).

Las emociones están presentes en cada pensamiento que construimos, (pasado, presente y futuro).

Por cada recuerdo que creas negativamente, tendrás la emoción correspondiente ligada al mismo y será almacenada en tu cerebro y fotocopiada en todas las células de tu cuerpo.

Las células son microorganismos que se comunican entre sí, cuando se activa nuevamente aquel pensamiento negativo, inmediatamente se comunican para contribuir en el estado que sientes cada vez que piensas lo mismo. Si de pronto llega un desánimo a tu vida como consecuencia de aquel recuerdo doloroso, en ese momento todas las células reciben la misma información y contribuyen a que caigas nuevamente en ese desánimo, en esa depresión; de manera que será más fácil caer la próxima vez en aquella depresión porque es como que ya existiera una práctica celular.

Las emociones están ligadas a los pensamientos y esto se llama red psicosomática.

Eso significa que esos dialogismos pueden salir a la superficie después de años de ocurrido un suceso o un evento negativo, viene a ser como una resurrección maligna que surge.

ECUACIÓN DEL PASADO NEGATIVO

Memoria negativa	**Pensamientos envenenados** Esto es como tener veneno en tu sistema mental.
Pensamientos envenenados	**Emociones contaminadas** Eso significa que las emociones no serán saludables en la persona.

Emociones contaminadas	Cuerpos enfermos Muchas enfermedades son el resultado de los pensamientos envenenados, vulnerables al ataque demoniaco.

Hoy se puede decir, científicamente hablando que, el 80% de los problemas de la salud física, emocional y mental son el resultado directo de los pensamientos porque existe una conexión entre los pensamientos, las emociones y el cuerpo.

Cualquiera que haya sido tu estilo de vida batallando con ataduras, adicciones sufridas, injusticias, amarguras; son cosas que el diablo trabajó a través de engaños los cuales se pueden cambiar en el nombre de Jesús, cambiando tu forma de pensar, destruyendo las fortalezas mentales, tomar las armas de luz que Dios te ha dejado para tener una especie de cambio de biblioteca mental e iniciar una nueva etapa de educación con las promesas de Dios, con la sabiduría de la Biblia, con la revelación de Dios, con la doctrina impartida en la Iglesia, con una predicación ungida, con la luz de la palabra de Dios escudriñando cada vez más de la Biblia en el nombre de Jesús.

Realidades al No Cambiar Mis Repeticiones Mentales

Capítulo 7

Realidades al No Cambiar Mis Repeticiones Mentales

Existen temáticas que podrían parecer con un grado de suma dificultad de comprensión, sin embargo, si le pides al Espíritu Santo que sea Él quien te conduzca y abra el entendimiento, con toda seguridad podrás asimilarlo y poner en práctica todo lo que aquí estás aprendiendo en pos de ser libres de toda atadura y entonces poder derribar toda fortaleza mental en el nombre de Jesús, porque si el diablo pudo trabajar esa fortaleza mental dentro de ti, poderoso es Dios para derribarla porque para Él no hay imposibles.

A continuación describiré el versículo que utilizaré como base para su desarrollo:

Génesis 6:5 (VM2) Y vió Jehová que era mucha la maldad del hombre en la tierra, y que **toda imaginación de los pensamientos de su corazón** era solamente mala todos los días.

De aquí es de donde puedo decir que de la imaginación es de donde se puede proyectar tu futuro, es la que proyecta tu día a día y que la imaginación es la copia de lo que está en tu memoria; los pensamientos se van sumando y conformando la mentalidad que te rige; de manera que si tienes pensamientos negativos, dolorosos, la imaginación producirá de acuerdo con la materia prima que en este caso son los pensamientos.

Por eso puedes ver lo que dice el versículo anterior que, la maldad del hombre era mucha, producida por su imaginación que a su vez se derivaba de sus pensamientos; de aquí entonces el hecho que Dios eliminó toda aquella humanidad a consecuencia de su maldad.

Por otro lado, cuando pienso en el Padre de nuestros espíritus, el Dios creador de todo y que para Él no hay imposibles, sin embargo, tuvo que destruir esa humanidad, menos a 8 personas, me refiero a Noé y su familia. Pero entonces me llama la atención que, cuando Dios ve a la humanidad con imaginación mala, resultado de los pensamientos malos, deja ver entonces que si hay algo que puede impedir que aquella obra de Dios se complete en la vida de la humanidad, es precisamente el hecho de no querer cambiar la forma de pensar, porque si se puede cambiar.

Por supuesto que de pronto podría surgir el problema de no saber cómo cambiar la forma de pensar, pero es algo que también he mencionado oportunamente; de manera que aquella humanidad que murió anegada en agua por el diluvio, fue porque se resistieron a tener ese cambio.

En la Biblia puedes ver la razón por qué en **Deuteronomio 6:6** Dios le da mandamientos a Israel antes de entrar a la tierra prometida; la historia deja ver que antes de entrar a Canaán, durante sus 40 años de peregrinaje, llegó a un sitio y acampó por 2 años antes de entrar a Canaán. Fue en ese tiempo cuando recibieron los preceptos con los que debían vivir en la tierra prometida.

Ahora bien, en repetidas oportunidades he mencionado que una ley existe o se establece por causa de los considerandos, o sea, considerando muchas cosas, por ejemplo, de donde venía Israel, había estado en el desierto durante 40 años, habían batallado porque traían memoria que no debían llevar acerca del tiempo que estuvieron en Egipto como esclavos y estando en la transición del desierto empezaron con esa repetición de lo que les habían grabado en su memoria y así era como se nutrían físicamente, pero también su alma por esa misma experiencia y ahora que iban a entrar a la tierra prometida, les daban esa nueva ley.

Deuteronomio 6:6-9 (RV 1960) Y estas palabras que yo te mando hoy, estarán sobre tu corazón; **7** y las repetirás a tus hijos, y hablarás de ellas estando en tu casa, y andando por el camino, y al acostarte, y cuando te levantes. **8** Y las atarás como una señal en tu mano, y estarán como frontales entre tus ojos; **9** y las escribirás en los postes de tu casa, y en tus puertas.

Es por ello que ellos de manera física y simbólica se ponen una cajita que llaman filacterias, como un acto de fe de lo que espiritualmente debe ser puesto en la mente. Dios lo que les estaba diciendo es que deberían repetir cosas que estén en su forma de pensar, en su capacidad, de razonamiento, de lógica; debían poner los mandamientos de Dios en sus mentes; eso era algo que debían hacer en la mañana, tarde y noche a manera que aquello se convirtiera en memoria y que esa memoria fuera la copia de lo que la imaginación tomaría para ponerlo en la visión para que de esa manera ellos tuvieran un nuevo día con información nueva de bendición de parte de Dios.

Números 11:5 (RV 1960) Nos acordamos del pescado que comíamos en Egipto de balde, de los pepinos, los melones, los puerros, las cebollas y los ajos...

La palabra que dejé resaltada, significa, traer a la memoria, eso significa que Israel traían a su memoria de forma voluntaria; ¿por qué no recordaban lo que Dios les estaba dando como mandamiento?, ellos seguían llevando a su memoria lo que el adversario les había marcado durante la etapa de esclavitud.

Con todo esto debes saber que, eres receptor de muchos favores de Dios, de muchas bendiciones, de muchas manifestaciones donde se está confirmando que El esta contigo, que Dios peleará por ti, te dará la victoria; sin embargo, si estás batallando con memorias pasadas, aunque veas sobrenaturalidades, seguirás siempre atado a ese pasado lo cual te impedirá vivir el tiempo presente lleno de una vida de abundancia y te privarás del futuro de esperanza.

La Generación Que No Cambió Su Mente

Israel es el ejemplo más eficaz para entender de cómo opera la copia de la memoria negativa en la imaginación.

Dios los liberó de 400 años de esclavitud con mano poderosa.
Dios les restituyó los años que los egipcios no les pagaron por sus trabajos.
De acuerdo con lo descrito en **Éxodo 12:35-36** dice que el día que Israel salió de Egipto en su liberación, todos los egipcios se despojaron de sus prendas, brazaletes, etc., para entregárselos a los israelitas con tal que se fueran y que se terminaran las plagas. Eso lo que deja ver entonces es que Dios en un solo día, el sistema de Egipto pagara por los 400 años de esclavitud; eso fue una restitución que el pueblo de Dios no esperaba.
Abrió el mar rojo para que ellos cruzaran en seco.
Destruyó la maquinaria militar de los carros y jinetes del Faraón.

Les dio una nube en el desierto para que no les quemara el sol.
Les dio una columna de fuego durante la noche para que les iluminara el camino.
Les dio a beber agua pura, fresca y cristalina de una roca y esta les seguía en el camino.
Les dio a comer maná, comida del cielo durante 40 años.
Su calzado no se les envejeció durante 40 años.
Les mostró la tierra de la abundancia con sus frutos y bendiciones, etc.

El punto es el siguiente: ¿quién podía dudar que Dios estaba con ellos después de ver todas estas manifestaciones?, sin embargo, como ellos no habían cambiado su manera de pensar, seguían viviendo en la esclavitud en su memoria. Es interesante que cuando ellos envían 12 espías y solamente 2 trajeron de regreso un informe positivo, mientras que los otros 10 vieron las cosas de forma negativa:

Números 13:33 (RV 1960) También **vimos allí gigantes**, hijos de Anac, raza de los gigantes, y éramos nosotros, a nuestro parecer, **como langostas; y así les parecíamos a ellos**.

Nota que hay 2 formas de ver las cosas, una es la forma como uno mismo se puede ver y la otra es como uno podría creer que lo ven los demás; pero aquí están haciendo una aseveración como si hubieran platicado con los gigantes, porque dijeron que como langostas les parecían a ellos, pero eso solamente lo hubieran dicho si los gigantes se los hubieran dicho.

Pareció: H5869 áyin: primeramente significa ojo, de ahí vista, visión.

Una **visión** desde la perspectiva bíblica es, **imaginación**.

¿Por qué creyeron que los gigantes los veían como langostas?, Egipto es una zona que, durante un período de tiempo tiene plaga de langostas, es una especie de invasión de esos insectos y Dios la utilizó como una plaga; pero ellos estaban acostumbrados a verlos como una especie de enemigos que eran pisoteados por los egipcios para eliminarlas; pero el problema es que eso es lo que ellos tenían grabado en la memoria de su imaginación.

Según las historias bíblicas de arqueología, dice que los capataces que tuvo Israel mientras fueron esclavos en Egipto, intimidaban a los hebreos diciéndoles que así como mataban las langostas pisoteándolas, así mismo los iban a destruir; por eso fue que cuando vieron gigantes en Canaán, lo primero que asociaron fue lo que les habían dicho los capataces, había sido lo que tenían grabado en su memoria como un recuerdo de intimidación.

La pregunta en todo esto es: ¿qué tanta memoria negativa podrías tener aún y que es con la que sigues batallando?, ese sería el primer paso por identificar para poder decidir qué hacer y pedirle a Dios qué hacer para cambiar la manera de pensar.

Pensamiento Que Te Define

¿Podrías evaluar el porcentaje de pensamientos que tienes perseverando en Dios?, puede ser, si usa una base acerca de lo que la ciencia dice de cuantos pensamientos tienes, por ejemplo, si no haces algo con tus pensamientos, eres como una computadora sin actualizaciones, con datos antiguos que no te dejan funcionar bien y te hace procesar de forma muy lenta cada vez más. Observa los siguientes datos:

El hombre tiene 60,000 pensamientos diarios.	El 90% son repetidos todos los días.
El 90% equivale a 54,000 pensamientos.	Significa que 54,000 pensamientos son repetidos todos los días.
Solo 6,000	Equivale al 10% de

| pensamientos son nuevos todos los días. | pensamientos naturalmente nuevos que aún no están repetidos. |

En base a esta estadística, debes recapacitar entonces ¿con cuántos pensamientos negativos podrías estar batallando de forma repetitiva durante muchos años sin prestarle atención?, eso me deja ver entonces que, si ese fuera tu caso, has sido víctima de esa memoria del pasado; quizá ha habido una queja, has llorado, etc., pero posiblemente no has hecho nada para poder cambiar, lo cual será una situación trágica; porque como lo he señalado oportunamente, el pensamiento que tienes te define e identifica, porque entonces eres lo que piensas, porque eso es lo que dice la Biblia (**Proverbios 23:7**), de tal manera que si no has querido cambiar tu pasado, eso eres y te estás limitando a un futuro que Dios tiene preparado lleno de bendiciones pero por razones de estar anclado al pasado, tienes limitante.

Las Enfermedades Mentales

La ciencia demuestra que entre el 75% y el 98% de las enfermedades mentales, físicas y del comportamiento, provienen de la vida del pensamiento, eso significa que sólo del 2% al 25% de las enfermedades mentales y físicas provienen del medio ambiente y de los genes.

MEMORIA SALUDABLE

MEMORIA NO SALUDABLE

La parte con un signo de muerte, es el área de peligro donde está almacenado todo aquello que puede producir dolor, desánimo, depresión, estrés, incluso a estar experimentando enfermedades psicosomáticas porque todo con lo que se batalla con pensamientos, envenenan las emociones y eso después repercute en el cuerpo con enfermedades que a veces pueden ser mortales.

En la siguiente cita bíblica puedes ver lo que sucederá en tu vida como fruto de enfrentar el daño que te pudieron causar en el pasado.

Job 11:16-19 Porque olvidarás tu miseria; la recordarás como inundación que pasó hace mucho tiempo; **17** tu vida será mas luminosa que el mediodía; aun su oscuridad será como la mañana. **18** Estarás confiado, porque hay esperanza; mirarás alrededor tuyo y te acostarás seguro; **19** descansarás, y nadie te hará temer. Muchos buscarán tu favor…

Solamente en el versículo 16 puedes ver que son como cicatrices de heridas que padeciste pero dejaron de afectarte, lo sabes enfrentar sin que te derribe por estarlo recordando; dejaste de estar en esas cárceles de depresión, de obscuridad, de tinieblas, desánimo, estrés, amargura porque podrás canalizar la situación por haber renovado tu forma de pensar. Los otros versículos son una confirmación segura de lo que te espera por haberte despojado de aquel dolor del pasado.

Job 11:16 Porque olvidarás tu miseria…

Miseria: Amál H5999: Dolor, miseria, prueba, sufrimiento, desgracias, infortunio, aflicción, pesares, calamidades, tristezas, penas, padecimiento, calamidad.

Olvidarás cada una de las características que significa la palabra miseria H5999:

- ✓ Olvidarás el dolor
- ✓ Olvidarás la miseria
- ✓ Olvidarás la prueba
- ✓ Olvidarás el sufrimiento
- ✓ Olvidarás la desgracia
- ✓ Olvidarás el infortunio
- ✓ Olvidarás la aflicción
- ✓ Olvidarás los pesares
- ✓ Olvidarás las calamidades
- ✓ Olvidarás las tristezas
- ✓ Olvidarás las penas
- ✓ Olvidarás los padecimientos

Todo esto es una realidad, pero es necesario saber cómo alcanzar ese momento de olvidar; porque si Dios te enseña los pasos, a ti lo que te corresponde es accionar, Dios hace lo imposible y tu haces lo posible. Dios te promete ayudarte sobre lo que parece imposible para ti, pero es responsabilidad tuya lo que corresponde, la acción, empezar a caminar.

Entiendo que existe gente con un pasado muy doloroso, conozco gente con muchos problemas y comprendo que algunas podrían ser comparadas con ejemplos de la Biblia, siendo uno de ellos el caso de Mefiboset:

La anamnesis de Mefiboset	
La historia clínica y psicológica de Mefiboset.	
Evento ocurrido en un lapso de tiempo de 24 horas.	
1.- Perdió a su abuelo	El rey Saúl
2.- Perdió a su padre	El príncipe Jonathan
3.- Perdió su casa	Linaje de realeza
4.- Perdió su tierra	Patrimonio, heredad
5.- Lisiado de los pies	Dañado: vida de un incapacitado
6.- Perdió su identidad	De Mefiboset a lisiado de los pies

Era un daño que cualquier persona podía caer en depresión y aún más que eso.

Preguntas importantes:

- ✓ ¿Cómo podría ayudársele a alguien con este cuadro histórico, clínico y psicológico?

- ✓ ¿Qué cosas pasan por la mente de una persona que en un sólo día le vino todo esto?

- ✓ ¿Qué hace alguien en esta condición?

Realidades al No Cambiar Mis Repeticiones Mentales

✓ ¿Qué harías tú en esta situación?

Solamente tenía 2 opciones, una era seguir en su calamidad y la otra era aceptar la oportunidad que Dios le estaba presentando para sentarse a la mesa con el rey David y tener un reinicio; ¿qué harías?, el consejo sería de cambiar las malas repeticiones, ponerle un alto a la situación en la que había caído, porque cuando empezó a vivir aquella calamidad tenía 5 años de edad y cuando el rey David lo mando a llamar, ya tenía descendencia, una descendencia que tenía la oportunidad de cambiar su futuro a través de su ancestro Mefiboset.

Por eso debes saber que siempre llega una oportunidad de parte de Dios, sin importar cuántos años tengas de estar padeciendo aquella situación de pobreza, de amargura, etc., de repeticiones en tu vida que primero debes desarraigar de tu memoria; llegará la oportunidad de ese cambio y debes aprovecharla en el nombre de Jesús para bendición tuya primeramente, pero también piensa en tus descendientes que quizá no conocieron una economía estable y quizá hayan adoptado en su forma de pensar que nacieron pobres y que morirán en la miseria, pero eso puede cambiar si te levantas en el nombre de Jesús, no solamente en lo físico, sino que, debes aprender a cambiar tu forma de pensar para que de raíz haya un verdadero cambio.

Esta gráfica presenta claramente el proceso para derribar toda fortaleza mental:

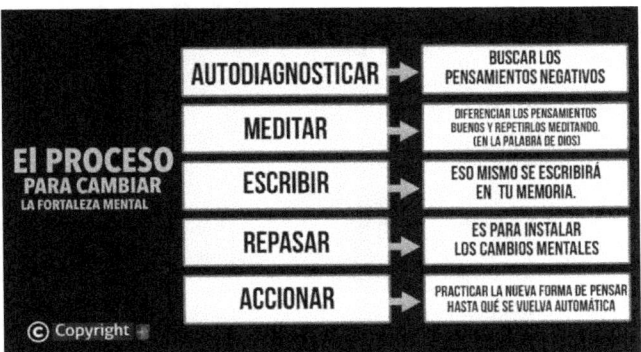

Estos 5 pasos diarios durante 21 días, pueden repartirse en todo el año de manera que serían aproximadamente 17 veces al año.

- ✓ No hay otra forma para que haya una renovación de la mente.

- ✓ Nadie lo enseña de esta manera, esta es la única forma.

- ✓ Si lo pones por obra, estarás estrenando una nueva mente.

¿Qué sucederá si no accionas al cambio?

Las Repeticiones Que Transforman

Existe una sola forma divina para limpiar la repeticiones malas y negativas de la memoria y la imaginación, se llama **repeticiones que transforman**.

El problema del humano es que vive de sus memorias o repeticiones y no vive de una nueva y buena imaginación y planes de Dios.

Isaías 46:9 (MSG) Acuérdate de tu historia, tu larga y rica historia. YO SOY DIOS, el único Dios que has tenido o tendrás, incomparable, insustituible. [10] Desde el principio diciéndote cuál será el final, todo el tiempo dejándote saber lo que va a suceder, asegurándote: 'Estoy en esto a largo plazo, haré exactamente lo que me propongo hacer…

La imaginación de las repeticiones de las cosas buenas de Dios son las que te van a sacar de la memoria y repeticiones de tu pasado negativo.

Si quiere cambiar será necesario repetir lo de Dios para imaginar las cosas que cambiaran tu vida.

Filipenses 4:9 (MSG) Pon en **práctica** lo que aprendiste de mí, lo que oíste y viste y te diste cuenta. Haz eso, y Dios, que hace que todo funcione en conjunto, obrará en ti en sus armonías más excelentes.

Filipenses 4:9 (Amplificada) Las cosas que habéis aprendido y recibido y oído y visto en mí, **practicad** estas cosas [en la vida diaria], y el Dios [que es la fuente] de paz y bienestar estará con vosotros.

Filipenses 4:9 (Wuest) También las cosas que aprendisteis y recibisteis y oísteis y visteis en mí, estas cosas **practicad habitualmente**, y el Dios de paz estará con vosotros.

Práctica: realizar varias veces algo que se ha aprendido, para adquirir habilidad o experiencia en ello. Realizar de forma habitual, continuada y determinada acción o actividad. Es decir, repetir algo.

Filipenses 4:7-8 Y la paz de Dios, que sobrepasa todo entendimiento, guardará vuestros corazones y vuestras mentes en Cristo Jesús. **⁸** Por lo demás, hermanos, todo lo que es verdadero, todo lo digno, todo lo justo, todo lo puro, todo lo amable, todo lo honorable, si hay alguna virtud o algo que merece elogio, **en esto meditad**.

Todo creyente debe aprender a pensar. Tu vida nunca irá delante de tus pensamientos, tus pensamientos van adelante de tu vida; no debes permitir que el pensamiento te gobierne, sino, debes aprender a gobernar los pensamientos.

Isaías 26:3 (R60) Tú guardarás en completa paz a aquel cuyo pensamiento en ti persevera; porque en ti ha confiado.

Se mantienen pensando en Dios. Este pasaje dice, que es la decisión del cristiano perseverar en pensamientos de Dios.

Hay ideas equivocadas respecto a los pensamientos, por ejemplo:

- ✓ Yo no tengo control de mis pensamientos.
- ✓ Esto vino a mi mente y no puedo evitarlo.
- ✓ Yo no quiero pensar en cosas malas pero vienen.

Pero si vives pensando en Dios, declararás Sus promesas a tu vida.

Salmo1:1-3 ¡Cuán bienaventurado es el hombre que no anda en el consejo de los impíos, **ni se detiene** *(No se estanca)* en el camino de los pecadores, ni se sienta en la silla de los escarnecedores, ² sino que en la ley del SEÑOR está su deleite, y **en su ley medita de día y de noche!** *(Repite)* ³ Será como árbol firmemente plantado junto a corrientes de agua, que da su fruto a su tiempo, y su hoja no se marchita; en todo lo que hace, prospera.

Medita H1897 jagá: raíz primaria [Compárese con H1901]; meditar: gemir, hablar, imaginar, pensar, proferir, meditación, suspiro.

La Humanidad Que No Cambió Su Mente

Las cosas que forman repeticiones negativas:

- ✓ Dialogismo: Pensar o hablar para ti mismo.
- ✓ Quejarse.
- ✓ Murmurar.
- ✓ Criticar.
- ✓ Difamar.

La Salud de La Mente La Riqueza Interior en El Alma

Capítulo 8

Todo lo que hasta aquí has logrado aprender, está enfocado con la memoria pasada negativa y cómo puedes trabajar con todos esos recuerdos molestos y dolorosos. He dejado los pasos de cómo identificar esos ataques del diablo para que puedas cerrarle puertas en el nombre de Jesús, lo he hecho paso a paso porque cuando se trata de la mente, son los cambios diarios y pequeños dirigidos a la mente los que marcan la diferencia hacia una involución, razón por la cual debes saber identificarlos y aplicar los principios divinos que también los he dejado escritos para que sepas cómo buscar la restauración de tu vida y haya una evolución espiritual en el orden de Dios.

Este capítulo lleva la intención de establecer que se necesitan aproximadamente 21 días para construir un pensamiento de largo plazo con sus respectivos recuerdos integrados, para lo cual, en el capitulo anterior, empecé a presentar un esquema para que logres alcanzar el cambio de las malas repeticiones, hacia una vida abundante y progresiva en Dios.

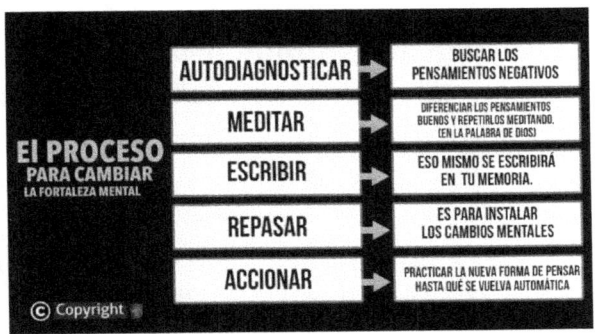

Para lograr este proceso, es necesario autodiagnosticarte, meditar, escribir, repasar y entonces accionar en el nombre de Jesús con el propósito de olvidar ese pasado negativo y doloroso que pudiste haber vivido en algún momento de tu vida.

Es Una Necesidad Olvidar

Filipenses 3:13-14 Hermanos, yo mismo no considero haberlo ya alcanzado; pero una cosa hago: **olvidando lo que queda atrás y extendiéndome a lo que está delante**, 14 prosigo hacia la meta para obtener el premio del supremo llamamiento de Dios en Cristo Jesús.

Quitarte las cargas de las cosas negativas vividas, es una actitud personal, nadie lo puede hacer por ti, es algo en lo que debes accionar con todas las fuerzas de tu corazón. Por eso dice la Biblia que debes despojarte de todo peso **(Hebreos 12:1-2)**, porque cuando estás cargado es muy difícil que levantes tu cabeza y veas al cielo como una esperanza que solamente de Dios puede venir tu socorro, pero también es ahí donde llega la luz acerca de que, también debes hacer lo que te corresponde porque siempre habrá algo posible por hacer y lo imposible es lo que Dios hará.

En la cita que describí de **Filipenses 3:13-14** está la base de qué es lo que debes hacer para poder olvidar; por supuesto que el adversario se encargará de que no sea tan fácil como parece porque te estará recordando constantemente aquella situación dolorosa para que no logres salir; pero recuerda que todo lo puedes en Cristo que te fortalece.

Las Memorias De Dios

Puedes olvidar las cosas negativas y recordar las que son saludables, porque Dios te diseñó a Su imagen y semejanza **(Génesis 1:26)**. Por eso es necesario estar conscientes de cómo renovar la mente, cómo cambiar los pensamientos, cómo cambiar las cosas negativas aunque de pronto esas cosas podrían hacerse en silencio, es decir; no es necesario que vayas con alguien más para decirle qué es lo que vas a cambiar de tu pasado negativo y doloroso; eso es una situación entre Dios y tú solamente porque en primer lugar, eres tú el que está sufriendo las consecuencias de una memoria negativa y es Dios el que puede hacer esa parte que para ti será imposible de realizar.

Lo Que Dios Recuerda

En la Biblia puedes ver que Dios hace determinadas cosas en pos de dejarte un ejemplo, por cuanto, si fuiste creado a Su imagen y semejanza, entonces puedes seguir el camino que El ya trazó. En virtud de eso, quiero presentarte los siguientes versículos:

Génesis 8:1 Y **se acordó Dios** de Noé, y de todos los animales...

Génesis 19:29 Así fue que, cuando destruyó Dios las ciudades de la llanura, **se acordó Dios** de Abraham...

Éxodo 2:24 Y oyó **Dios** el gemido de ellos, y **se acordó de su pacto** con Abraham, Isaac y Jacob.

Por supuesto que no es que a Dios se le olviden las cosas, sino que, es una forma de enseñarte cómo es que El actúa, para que puedas tener la base de cómo hacerlo porque fuiste hecho a imagen y semejanza de Dios.

Lo Que Dios Olvida

Hebreos 10:17 Y **NUNCA MAS ME ACORDARE** DE SUS PECADOS E INIQUIDADES.

Isaías 43:25 Yo, yo soy el que borro tus transgresiones por amor a mí mismo, y **no recordaré tus pecados**...

Jeremías 31:34 ...perdonaré su maldad, y **no recordaré más su pecado**.

Puedes notar entonces cómo es que Dios recuerda ciertas cosas para bien, pero también puedes ver cómo es que El olvida bajo una perspectiva de perdonar tus pecados porque ese es Su carácter, cuando recuerda o cuando olvida, es para bendición tuya. Partiendo de aquí entonces, tienes una muestra de lo que debes hacer y lo que debes dejar de hacer; recuerda las promesas de Dios y olvida las acusaciones del diablo porque Dios ya te perdonó.

Cuando alguien está constantemente recordando una culpabilidad, le será muy difícil avanzar en su vida espiritual porque el efecto de una culpabilidad viene de las tinieblas y su propósito es que se olviden las promesas de Dios o crean que no son para quien está cargando con una culpabilidad, incluso llega el sentimiento de ser inmerecedor de la salvación que solamente Jesús pudo haber propiciado en la cruz del calvario; dicho en otras palabras, el engaño del diablo es tal, que rechazan el sacrificio de Jesús en la cruz porque piensan que su culpabilidad es más grande que la salvación de Dios.

Dios te deja entonces una muestra de lo que debes hacer, siendo algo tan maravilloso el hecho que debes amar a tu prójimo como a ti mismo (**Marcos 12:31**); es lo que dice **Isaías 43:25** porque por amor a El mismo, no recordará tus pecados; ese es el carácter de Dios y es lo que desea ver en ti por medio de la obra maravillosa que está haciendo el Espíritu Santo por medio del conocimiento que estás adquiriendo.

Debes ser una persona con carácter de palabra firme y ver claramente el ejemplo que Dios te deja ver cuando recuerda y cuando olvida; si lo pones en práctica, estarás favoreciendo tu alma, sanándola y desechando aquellos recuerdos dolorosos que no te dejan avanzar.

Recordándole A Dios

Otro punto que puedes ver con relación a la memoria de Dios es cuando llegó el momento en que los hombres le recordaron a Dios:

Nehemías 5:19 Acuérdate de mí, Dios mío, para bien, conforme a todo lo que he hecho por este pueblo.

2 Reyes 20:3 Te ruego, oh SEÑOR, que te acuerdes ahora de cómo yo he andado delante de ti en verdad y con corazón íntegro, y he hecho lo bueno ante tus ojos. Y Ezequías lloró amargamente.

Debo insistir en que, no es que a Dios se le olviden las cosas, sino que, es como una forma de concientizar la fe para accionar lo que se espera de

Dios; por eso dice la Biblia que todo el que pide, recibe (**Mateo 7:8**), es una forma de fortalecer tu fe.

Anotados Para Ser Recordados

Malaquías 3:16 Cuando los que adoran a Dios y lo respetan oyeron lo que Dios dijo, hablaron entre sí. Dios se dio cuenta de esto, y les prestó atención, y entonces mandó que se anotaran en un libro **sus nombres para recordarlos**.

El libro de las memorias que está en el cielo, sólo una vez aparece en la Biblia y es en este pasaje; donde se está haciendo énfasis a la fase de escribir para recordar, pero insisto, no es porque a Dios se le olviden las cosas, sino que, es la forma de decirte cómo debes realizar ciertas actividades para recordar.

El Poder De Recordar y Olvidar Como Dios

Una vez que has visto la base de recordar y olvidar, ahora puedes comprender el por qué es que en la antigüedad se profetizaba; porque Dios recordaba, olvidaba, se le recuerda y también escribía para recordar; entonces el Profeta Isaías declara esa palabra para restauración del pueblo de Israel y como consecuencia para la Iglesia de Cristo.

Isaías 46:9 Acordaos de las cosas anteriores ya pasadas, porque yo soy Dios, y no hay otro; yo soy Dios, y no hay ninguno como yo,...

Isaías 43:18 No recordéis las cosas anteriores ni consideréis las cosas del pasado.

Dios es el que te anima a que respondas de acuerdo con lo que tu mente puede hacer: recordar y olvidar, porque tu memoria de manera natural funciona de esa forma, insisto, en recordar y olvidar.

Es muy interesante que, así como existen niveles de fe, de igual manera existen niveles de cómo olvidar; de manera que Dios está dejando que decidas qué tipo de sanidad deseas para tu alma, para las heridas que han quedado como una herida abierta y sangrante como dolorosa.

De aquí entonces puedo decir que existen 3 niveles de olvidar los cuales se alcanzan de acuerdo con la importancia que cada uno le brinda a su salud interior, mental y del alma; dependerá entonces cómo la puedas valorar; ¿cómo puedes valorarla?, en el precio que pagó el Señor Jesucristo en la cruz del calvario por tu redención, o sea que, si tienes precio de sangre divina, nadie más puede comprarte; entonces, en esa base es como puedes entrar de manera gradual.

El Pasado Es Borrado Completamente

✓ El pasado es borrado completamente en el subconscientemente y en la memoria.

✓ La persona vivirá como si nunca hubiese pasado.

Isaías 65:17 Pues he aquí, yo creo cielos nuevos y una tierra nueva, **y no serán recordadas las cosas primeras ni vendrán a la memoria.**

El mundo negativo que has tenido, con tus dolores, tus errores, tus miedos, injusticias, etc., dejará de afectar tu memoria.

Es muy interesante que, en el mundo, la psicología dice que no se pueden borrar las cosas del pasado, aquellos momentos trágicos o dolorosos, permanecerán siempre; sin embargo, como puedes ver en la Biblia, se pueden olvidar; es algo que solamente lo lograrás si verdaderamente le crees a Dios, a Su palabra; por supuesto que también dependerá de los niveles que alcances porque si logras tener el control de lo que te sucedió hace 10 años con mayor facilidad de lo que viviste hace 40 años, ¿por qué?, porque le has brindado mayor valor a las emociones que están involucradas con lo que viviste hace 40 años, a lo que viviste 10 años; o sea, lo que padeciste hace 10 años, no tuvo mayor importancia en tus emociones, pero lo que padeciste hace 40 años le diste demasiada importancia quizá por la falta de conocimiento del que hoy puedas tener, entonces eso hará la diferencia en lo que se puede borrar completamente y otras se quedaron.

Teniendo el conocimiento que hoy estás adquiriendo, te llevará a que puedas eliminar más rápidamente aquellos recuerdos dolorosos que estés padeciendo hoy, que aquellos que padeciste cuando no sabías qué hacer.

El Pasado Aminorado (Paliativo)

Cuando llegas a este nivel de olvidar tu pasado, sucede lo siguiente:

- ✓ Se quita las fuerzas al dolor emocional.

Recuerda que las emociones, la mente y los pensamientos, están íntimamente ligados.

- ✓ A la persona le permitirá recordar lo sucedido, pero ya no sentir más el daño.

- ✓ Esta faceta del pasado te permite expresar tu dolor de manera diferente, de una forma positiva porque no existe dolor que Dios no pueda reducir o mitigar o desaparecer de tu vida.

✓ El consuelo de Dios es capaz de anular el dolor.

Este punto es maravilloso porque es cuando la unción del Espíritu Santo está participando en tu vida, por supuesto que Él está presto en todo momento a poderte ayudar; el problema es que a veces hay resistencia porque pretendemos hacer las cosas de una forma humanista y es ahí donde todo se complica; pero cuando le brindas el lugar que le corresponde a Dios, todo cambia; considera que eso no es automático, es en una relación con Dios, es cuando puedes decir que tienes comunión con Dios y es cuando experimentas cosas sobrenaturalmente donde vendrá entonces la sanidad que necesitas.

Job 11:16-19 Porque olvidarás tu aflicción, como aguas que han pasado la recordarás. **17** Tu vida será más radiante que el mediodía, y hasta la oscuridad será como la mañana. **18** Entonces confiarás, porque hay esperanza, mirarás alrededor y te acostarás seguro. **19** Descansarás y nadie te atemorizará, y muchos procurarán tu favor.

Cuando llega la paz de Dios, se refleja aún en tu rostro, por supuesto que tampoco puedes esconder cuando tienes en ti un espíritu abatido, pero eso se desvanece cuando le crees a Dios, a Sus promesas, a Su palabra con la sanidad que necesitas en lo más profundo de tu ser.

Cuando piensas en toda la posibilidad que tienes de alcanzar la bendición de ser libre de aquello que te ha perseguido por tanto tiempo y te ha robado el tiempo, la paz, la fe en las promesas de Dios, porque Dios dijo que El vino para que tuvieras vida en abundancia, pero no necesariamente en lo material, sino que, abundancia de paz; es entonces cuando reflexionas acerca de las posibilidades que tienes, porque también debo mencionar que un fuerte porcentaje de la cristiandad sabe que debe cambiar su forma de pensar, sin embargo no saben cómo hacerlo.

Si alguien cree que al terminarse el día se terminará esa batalla interna sin que haya hecho algo a su favor; está equivocado, debe haber un proceso para desintoxicar la información del día; sin embargo, cuando se trata del proceso de la transformación de la forma de pensar para cambiar la mente, el alma, vida y el entorno que te rodea; se necesita que haya un sometimiento al proceso que he estado describiendo.

Romanos 12:2 (LBA) Y no os adaptéis a este mundo, sino **transformaos mediante la renovación de vuestra mente**, para que verifiquéis cuál es la voluntad de Dios: lo que es bueno, aceptable y perfecto.

La palabra, **transformaos (G3339)**, es la que en los diccionarios bíblicos encontramos como una derivación de la palabra metamorfosis, lo cual es como un proceso que sufre una mariposa, la cual primero es como un gusano que tiene el respectivo proceso para llegar a ser mariposa.

Job 11:16-19 Olvidarás tus sufrimientos por completo, y si acaso los recuerdas, será como recordar cosas sin importancia. **17 Tendrás una vida muy feliz**. ¡Tus pesadillas más horribles, se convertirán en dulces sueños! **18 Vivirás en paz y protegido por Dios**; **19** dormirás confiado y lleno de esperanza, sin miedo a nada ni a nadie, y muchos querrán ser tus amigos.

Hasta este punto has visto entonces que el pasado se puede borrar, también se puede aminorar, pero también existe el siguiente:

El Pasado Que Va Cambiando Progresivamente

Ese progreso hace que la persona reaccione de forma diferente, cada vez que se enfrenta a situaciones muy parecidas a las experiencias negativas que sufrió.

Cuando de pronto llega a tu vida un evento que tiene las características de lo que trajo aquel sufrimiento; la mente lo asociará. Este punto es difícil de asimilar por los profesionales en la rama de la psicología, principalmente si han avanzado en obtener una maestría en su campo profesional de neurología, neurociencia, etc., porque conocen la complejidad del cerebro; pero no podrán negar los 3 puntos básicos que tiene el cerebro:

- ✓ **Memoriza**
- ✓ **Repite**
- ✓ **Asocia**

Cuando el cambio se inicia progresivamente y después aminoras para terminar en la fase completa; puedes ver en la Biblia cómo el pasado cambiará de esa misma forma, porque entonces verás eventos con características similares a los que viviste y tu mente lo asociará; pero una vez que has estado trabajando en los 5 pasos que describí inicialmente; tu forma de ver las cosas será diferente como dice la Biblia:

Romanos 8:28 Y sabemos que para los que aman a Dios, todas las cosas cooperan para bien, esto es, para los que son llamados conforme a su propósito.

Lo que puedes ver es que la persona que ha progresado en su forma de pensar, ahora interpreta sus eventos con propósito de Dios; es como decir, que todo lo que ha vivido le sirvió para madurar y no hubiera sido de bendición para otra persona.

✓ Su carácter y actitud es de seguir avanzando en su sanidad y vive protegiendo lo que ya alcanzó con la sanidad transformadora.

Jeremías 17:14 Sáname, oh SEÑOR, y seré sanado; sálvame y seré salvo, porque tú eres mi alabanza.

Si es posible que alguien sea sanado de su cuerpo físico, poderoso es Dios para sanar a esa misma persona de sus problemas en el alma, de los recuerdos dolorosos. Por eso es necesario que estés en constante comunión con Dios y que puedas entregarle totalmente aquella situación adversa en tu vida, con el propósito que Dios le quite el poder a ese momento desagradable que constantemente te está quitando la paz; por supuesto que para eso, también es necesario que le creas a Dios, si El lo dijo, así será, como dice el versículo anterior, hablándole a Dios: sáname y seré sanado porque le estás creyendo a Dios.

El Poder De La Escritura

Esto es de suma importancia porque lleva la razón por la cual Dios, en varios versículos de la Biblia, enfatizaba la importancia del, escrito está... o escribe...

Éxodo 17:14 Y Jehová dijo a Moisés: **Escribe esto para memoria** en un libro, y di a Josué que del todo tengo de raer la memoria de Amalec de debajo del cielo.

- ✓ Escribe para la memoria.

- ✓ En este pasaje hay un mensaje que tiene que ver con tu estructura mental.

- ✓ La Biblia revela que se escribe para efectuar algo en la memoria, es decir, que llegue hasta el subconsciente.

Tu cerebro ha sido diseñado para escribir, lo hace por medio de la expresión genética, así como escribes en un papel. Interesantemente las veces que la Biblia habla de escribir, están en 24 versículos, 25 veces.

Apocalipsis 1:11 ...que decía: **Escribe en un libro lo que ves**, y envíalo a las siete iglesias: a Efeso, Esmirna, Pérgamo, Tiatira, Sardis, Filadelfia y Laodicea.

Apocalipsis 1:19 Escribe, pues, las cosas que has visto, y las que son, y las que han de suceder después de éstas.

Apocalipsis 2:1 Escribe al ángel de la iglesia en Efeso: "El que tiene las siete estrellas en su mano derecha, el que anda entre los siete candelabros de oro, dice esto:

Apocalipsis 2:8 Y escribe al ángel de la iglesia en Esmirna: "El primero y el último, el que estuvo muerto y ha vuelto a la vida, dice esto:

Apocalipsis 2:12 Y escribe al ángel de la iglesia en Pérgamo: "El que tiene la espada aguda de dos filos, dice esto:

Apocalipsis 2:18 Y escribe al ángel de la iglesia en Tiatira: "El Hijo de Dios, que tiene ojos como llama de fuego, y cuyos pies son semejantes al bronce bruñido, dice esto:

Apocalipsis 3:1 Y escribe al ángel de la iglesia en Sardis: "El que tiene los siete Espíritus de Dios y las siete estrellas, dice esto: 'Yo conozco tus obras, que tienes nombre de que vives, pero estás muerto.

Apocalipsis 3:7 Y escribe al ángel de la iglesia en Filadelfia: "El Santo, el Verdadero, el que tiene la llave de David, el que abre y nadie cierra, y cierra y nadie abre, dice esto:

Apocalipsis 3:14 Y escribe al ángel de la iglesia en Laodicea: "El Amén, el Testigo fiel y verdadero, el Principio de la creación de Dios, dice esto:

Estos son solamente algunos de los versículos donde puedes apreciar la instrucción de Dios acerca de escribir.

Habacuc 2:2 Entonces el SEÑOR me respondió, y dijo: **Escribe la visión y grábala** en tablas, para que corra el que la lea.

✓ Escribe para grabar, es como un nuevo dato.
✓ Crear un mapa cerebral.

Anotar los pensamientos es importante en el proceso de la renovación de la mente, debido a que el proceso mismo de escritura consolida el recuerdo y aclara lo que has estado pensando; te ayuda a ver con más claridad las áreas que necesitan ser sanadas o desintoxicadas porque literalmente te permite ver tu cerebro en papel; para escribir algo, primero debe pasar por tu mente.

Escribir puede ser un mundo muy amplio, sin embargo, el efecto que puede tener el hecho que escribas con tu puño y lápiz o lapicero, etc., en papel, en un cuaderno; puede hacer que haya un efecto más poderoso porque es como permitir que se haga un cambio en tu cerebro.

Una forma de tener esta práctica, es cuando estás en la congregación y es el momento de las profecías o el tema principal de la enseñanza o predicación; podrías darte a la tarea de escribir lo que estás aprendiendo o que te están enseñando, lo que estás entendiendo de aquel momento porque entonces ahí estás permitiendo un cambio de mente.

El Poder De La Visión Escrita

Por eso, cuando en el Antiguo Testamento les decía a Sus siervos que escribieran, era porque había algo mucho más profundo que solamente escribir una nota, era algo que transcendía generaciones porque se quedaría para la posteridad. Por supuesto que el primer beneficiado si le obedecía a Dios, era el siervo que estaba recibiendo la instrucción porque para poder escribir es necesario crear un mapa cerebral o mental porque la imaginación tiene el poder crear mapas mentales.

El Poder De La Escritura

Escribir en papel es reflejar como en un espejo lo que primero se hace en la mente.
Escribir consolida la memoria y te suma claridad a lo que se ha estado pensando.
Escribir ayuda a ver mejor qué área hay que desintoxicar.
Escribir lo nuevo que aprendes y escribir lo que quieres hacer de manera contraria a los pensamientos negativos, eso te ayudará a detectar todo los pensamientos negativos que deseas olvidar.
Es como borrar de tu página la mala ortografía, los errores, las palabras que no quieres que estén en tu cerebro.

¿En qué forma ayuda a la desintoxicación de pensamientos al escribir?

✓ Hay una parte de tu cerebro que se llama ganglios basales.

Los ganglios basales

Dejan su impronta en el proceso de pensamiento y aprendizaje.

✓ Ayudan a convertir al pensamiento y a la emoción en acción inmediata.

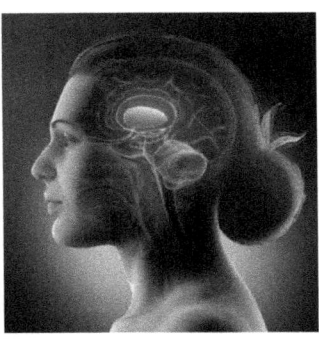

Esto es solamente una idea de dónde están los ganglios basales. ¿En qué contribuyen los ganglios basales?

Es muy importante la forma en que escribes lo que piensas porque hay modos de anotar la información que funciona más eficazmente con tus procesos cerebrales, que la manera tradicional de anotar formando líneas una tras otra y con un solo color.

Esto significa que, si te conviertes en tu propio escriba de tu cerebro, tienes que empezar a escribir aquellas cosas, basado en que, primero capturaste, meditaste en los pensamientos buenos basados en las promesas de Dios, después queda escribir con la nueva etapa que Dios te entregará con el nuevo pensamiento lo cual te llevará a realizar cambios en tu vida, seleccionar amistades que sean de bendición a tu vida. Recuerda que eres el autor de tu propio cerebro en la fase de escriba.

La visión de Dios cambia tu cerebro, y lo que se imagina, o sea la visión de Dios, puede convertirse más real de lo que ven tus ojos naturales.

2 Corintios 4:18 (CEV) Las cosas que se ven no duran para siempre, pero las cosas que no se ven son eternas. Por eso tenemos la mente puesta en las cosas que no se ven.

- ✓ Me gusta eso porque nos lleva al punto de que debes mantener en la mente las cosas que no se pueden ver a través de la imaginación y los sueños entregados por Dios.

- ✓ Dios está diciendo que no debes basar tu fe sólo en lo que puedes ver físicamente, sino en aquellas cosas que Él quiere que veas en tu mente.

Las Capacidades De Retención Y Cambio De Mentalidad

1.- 30% de lo que escuchas.

2.- 50% de lo que escuchas y ves.

3.- 70% de lo que escuchas, ves y escribes.

4.- 90% de lo que escuchas, ves, escribes y hablas.

5.- 99.9% de lo que escuchas, ves, escribes, hablas y vives.

- ✓ Es muy importante la forma en la que escribes lo que piensas.

- ✓ Porque hay modos de anotar la información que funciona más eficazmente con tus procesos cerebrales.

- ✓ Escribir te brinda la capacidad de retener nueva información que desintoxica los pensamientos negativos a través del aprendizaje nuevo.

Apocalipsis 21:5 (LBA) Y el que está sentado en el trono dijo: He aquí, **yo hago nuevas todas las cosas**. Y añadió: **Escribe, porque estas palabras son fieles y verdaderas**.

Dios no echará vino nuevo en odres viejos, de manera que es necesario tener un cambio de mente y que sea renovada tu forma de pensar en el nombre de Jesús.

Una forma de cómo identificar los pensamientos negativos para trabajar en eso, es haciendo una lista de esos pensamientos y después analiza con qué emoción está asociado cada uno, luego medita en los pensamientos buenos, sobre todo en las promesas de Dios; una vez tengas esa lista de las promesas de Dios, detalla una lista sobre lo que harás a favor de tu vida, qué planes tienes para ponerlos en marcha para anular aquellos pensamientos negativos; porque no hay otra forma de trabajar en deshacerte de todo aquello que está estorbando tu mente.

Finalmente puedo decir entonces que escribir, consolida pensamientos o ideas (memoria), escribir agrega claridad a lo que has estado pensando, reflexionar en lo que has estado cayendo deliberadamente, con el propósito de dejar que el Espíritu Santo te guie, te fortalezca y que con el conocimiento que ahora tienes, puedas derribar las fortalezas mentales que el adversario ha creado en ti, formando entonces una fortaleza mental pero positiva, basada en la instrucción de Dios.

La coraza de justicia es para protegerte de las partes que conoces en ti como vulnerables: las emociones, sentimientos, voluntad.

El cinto de la verdad es para tener la capacidad de estarte examinando, haciendo autodiagnóstico y ser genuino contigo mismo al detectar que aún eres débil en algunas áreas de tu vida.

La espada del Espíritu es para detener los ataques espirituales de cuerpo a cuerpo y para lanzar ataques porque es la palabra de Dios.

El escudo de la fe es al que tienes que estarle poniendo el aceite de la unción para que los dardos encendidos del adversario se apaguen ahí.

El calzado del evangelio de la paz es para mantenerte equilibrado emocionalmente para continuar adelante.

No todas las batallas inician en la mente, recuerda que la mente es una esfera de la cual es necesario conocer cuál es su núcleo, lo cual es en la imaginación, pero para más detalle de todo esto, puedes adquirir el libro titulado **La Cartografía Espiritual de las Batallas en La Mente.**

Aprendiendo a usar La Mente Para Saber Manejar Mi Manera De Pensar

Capítulo 9

En este capítulo empezaré por compartir el versículo base, considerando que, es un versículo que no volverás a leerlo igual porque es la base de esa transformación de tu mentalidad y ahora estás aprendiendo cómo es que verdaderamente se renueva la mente:

Romanos 12:2 (LPD) No tomen como modelo a este mundo. Por el contrario, **transfórmense** interiormente **renovando su mentalidad**, a fin de que puedan discernir cuál es la voluntad de Dios: lo que es bueno, lo que le agrada, lo perfecto.

Otra versión de la Biblia que también es muy directa, es la siguiente:

Romanos 12:2 (Amplificada) Y no te conformes con este mundo [ya no con sus valores y costumbres superficiales], sino sé **transformado y cambiado progresivamente** [a medida que maduras espiritualmente] **por la renovación de tu mente** [enfocándote en valores piadosos y actitudes éticas], para que puedan probar [para ustedes mismos] cuál es la voluntad de Dios, **lo que es bueno, aceptable y perfecto** [en Su plan y propósito para ustedes].

La renovación de la mente toma un auge de suma importancia hoy más que nunca, a raíz de los acontecimientos que en el mundo se están viviendo.

✓ Creo con todo mi corazón que cada evento que impacta tu vida, requiere de la renovación de la mente para no ser víctima de las circunstancias.

Dos formas de explicar la renovación de la mente:

✓ La primera es bíblica: esta es como el mandato para la transformación.

✓ La segunda es científica: esta es la explicación del proceso mental del cambio.

En la Biblia puedes ver entonces que en **Romanos 12:2** se tenía en mente un proceso mental de renovación que fue revelado y que no se podía entender si no era de esa manera, ya que la ciencia carecía del avance para explicar el proceso.

Por supuesto que esa renovación es una tarea que cada uno es responsable de realizar con sus propias acciones, principalmente con todo el adelanto que se vive; claro que por sobretodo está la revelación del Espíritu Santo a tu vida, pero también puedo decir que la Biblia muestra que en este tiempo habría un aumento de la ciencia, el cual puesto para bien, puedes aplicar para mayor comprensión de lo que sucede en tu alma.

También debo mencionar que si bien es cierto que el cambio en la forma de pensar es responsabilidad de cada uno, igualmente es cierto que los pastores somos responsables de enseñarle a la Iglesia de cómo realizar ese cambio, aunque también puesta la fe en Dios sabiendo que si El lo dijo, eso se cumplirá.

A este respecto debo añadir que, es muy necesario el conocimiento, aunque es más necesaria la unción del Espíritu Santo, pero también el conocimiento que El permite que tengas porque a veces surgen cristianos con los dones y frutos del Espíritu, pero siguen batallando con ese problema diariamente en su manera de pensar debido a un pasado doloroso.

Eso me lleva a pensar entonces que, de pronto podrías tener mucha enseñanza bíblica de otras áreas que son aplicables a tu vida; si no has logrado cambiar tu forma de pensar.

La entrada al evangelio de Jesucristo, según la Biblia es a través de un arrepentimiento. Cuando reconoces tus pecados, cuando reconociste a Jesús como tu Señor y Salvador y te arrepentiste; en los diccionarios puedes encontrar que está refiriéndose a un cambio de mente; eso significa que el inicio del evangelio del Señor Jesucristo empezó con un cambio de mentalidad: primero surge el arrepentimiento, después surge lo que describe **Romanos 12:2**, lo cual es empezar a trabajar con la manera de pensar pero si nunca lo has hecho porque no has aprendido a cambiar tu forma de pensar, posiblemente hayas tenido un cambio de conducta en algunas cosas como podría ser el hecho de dejar los vicios, pero el evangelio es una transformación interna porque de esa manera es como tu vida tiene el proceso del cambio hasta que alcances a llegar a la estatura del varón perfecto en la medida de la plenitud de Cristo.

Aunado a todo esto, podría decir que, si no buscas el conocimiento para aprender a cambiar tu forma de pensar; estás desaprovechando todas las bendiciones que Dios tiene preparadas para tu vida porque no echará vino nuevo en odre viejo; es necesario que te deshagas del viejo hombre, de la antigua manera de pensar y empieces a pensar de acuerdo al modelo con el que Dios te diseñó.

Memorias Y Repeticiones

En Romanos 12:2 hay 1 palabra muy significativa que está compuesta por 2 términos:

Transformados = Metamorphoo G3339

Meta significa: cambio.
Morphoo significa: forma.

Es un cambio que se realiza en la base de una acción la cual es la renovación.

La Transformación De La Mente

Renovar la mente, como ya lo he mencionado, no es algo automático, ni místico, no necesariamente lleva implícito sólo un sentido espiritual, sino que, es literal, físico y debe ser bajo esta perspectiva:

1.- Intencional.
2.- Disciplinario.
3.- Riguroso.
4.- Rutinario.

Debe convertirse en un estilo de vida para experimentar la renovación de la mente; ese estilo de vida hace que tu cerebro neuroplásticamente reprograme las redes nerviosas.

Los estudiosos de la neurociencia que trabajan investigando la forma en que trabaja tu cerebro, en los mapas cerebrales han numerado las zonas para indicar dónde suceden los efectos del cerebro, incluso identificando en qué parte surge el dominio propio, el cual se puede debilitar a través de tantas tentaciones que se viven en secreto, siendo así como Satanás aprovecha para que, después de algún tiempo, finalmente aquella persona caiga en pecado.

De manera que, mientras estás trabajando en tu manera de pensar, trabajando con esa estructura mental que se formó a través de muchos años con información, palabras, experiencias, aquellas cosas con las que quizá contribuiste negativamente por la falta de conocimiento y que todo eso hizo que tu pensamiento se volviera en contra tuya; mientras estás trabajando en pos de tu restauración, en ese cambio en tu forma de pensar, debes usar todo lo que está a tu alcance para comprender cómo trabaja tu manera de pensar y esforzarte por alcanzar ese cambio.

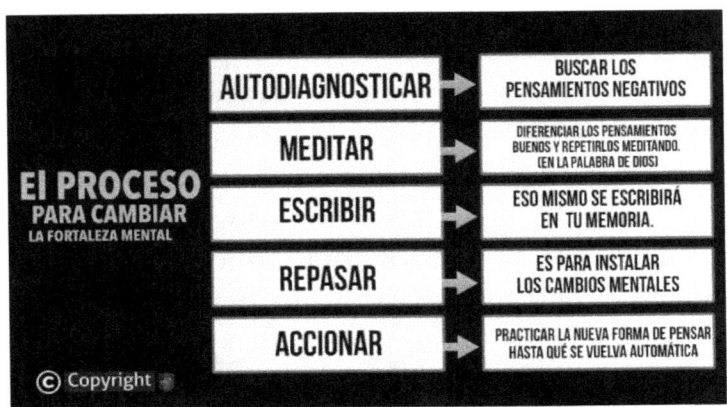

Este esquema representa los 5 puntos en los que he estado explicando para cambiar las malas repeticiones, para cambiar la forma de pensar que trae dolor, enfermedades, que ha hecho vivir experiencias que tuvieron lugar hace muchos años y pareciera como si ayer hubieran sucedido.

De manera que, en base a ese esquema, me enfocaré al cuarto punto, el cual es repasar y que está enfocado en instalar los cambios mentales, es el siguiente:

Las 3 partes del pensamiento:
1. Recuerdos informativos.
2. Recuerdos emocionales/ sentimientos.
3. Recuerdos físicos.

1.- Todos tenemos pensamientos que son recuerdos informativos, por ejemplo, la dirección de un lugar determinado.

2.- También están los recuerdos emocionales y sentimentales, recuerdos que cuando traes a tu consciente algo que te causó un mal momento; una emoción y un sentimiento se pueden activar, considerando que una emoción y un sentimientos son 2 cosas diferentes; porque una emoción normalmente dura solamente 90 segundos lo cual está calculado en base a que todo el torrente sanguíneo recorra el sistema anatómico; cuando una emoción lleva más de 90 segundos se puede convertir en un sentimiento el cual es para toda la vida. Una persona puede amar en sentimiento para toda la vida y también puede odiar en sentimiento para toda la vida.

3.- Los recuerdos físicos está identificados en lo que puede ser un aroma, un contacto, etc.

Describo estos 3 puntos porque si no tienes ese conocimiento, no entenderás ni siquiera qué cosas o recuerdos en cualquiera de las 3 fases son los que forman tus batallas mentales; si es algo informativo, emocional o sentimental, o si es algo físico, por ejemplo:

Si alguien llegó a decirte que otra persona está acusándote de algo y eso hace que empieces a vivir de una acusación; entonces eso fue motivo a través de una información que te llegó y que no la supiste administrar, le diste la importancia indebida y eso hizo que el espíritu con el cual fue lanzada te hizo sentir culpable de algo que quizá no tienes nada que ver. Por eso, cuando ves que el adversario usa epítetos o nombres que revelan qué tipo de modus operandis usará; es ahí donde debes saber identificar su accionar de acuerdo con su nombre, porque así será su manifestación, por ejemplo, si el diablo usa el nombre de acusador, lógicamente su estrategia estará basada en acusarte, el tentador lanzará su ataque por medio de tentaciones para hacerte caer en pecado, el devorador te estorbará para que deshonres a Dios y que tu economía se vea afectada, etc.

¿Por Qué Se Forman

Las Batallas De La Mente?

Cada nueva experiencia negativa, **requerirá una nueva estrategia de tu mente**, es decir, debes actualizar tu mente porque de lo contrario serás víctima de un evento negativo todos los días.

De manera que una experiencia de pecado, puede llevarte a vivir con culpabilidad; por eso es que sentirte culpable es dañino para tu psiquis o alma y también para el cuerpo físico.

- ✓ Esto ha sido ignorado por la gente, tanto él que sufre la acusación, como el que lanza acusaciones cuando Satanás usa a una persona para ese efecto.

- ✓ Por supuesto que el diablo conoce esto y por eso el opera como el acusador de tu vida, el diablo conoce los estragos psíquicos y físicos que resultan de la culpabilidad y acusación.

Requerir de una nueva estrategia en tu mente está vinculado con el hecho de repasar para instalar los cambios mentales.

Repasar significa, dinámicamente escudriñar, examinar, reflexionar para reconfirmar la fase anterior, es decir, escribir.

1. Repasar deliberada e intencionalmente lo que has escrito como nuevo para sustituir lo antiguo, lo que no está produciendo ningún fruto; para ver si tiene sentido y si tiene incluida toda la información necesaria.

2. Repasar ayuda a tu propia evaluación del contenido de tu trabajo escrito.

3. Repasar ayuda a poner en orden la información para entenderla y después compararla con el contenido original que escribiste.

4. Repasar este proceso durante varios días, si es necesario, antes de llegar al paso 5, el cual es accionar.

Esto es parte de lo que involucra el cambio en tu forma de pensar, porque alguien podría decir que para realizar ese cambio simplemente es cambiar un pensamiento por otro, pero realmente debes saber lo que eso involucra porque es un proceso.

Lamentablemente se ha hecho del evangelio algo muy práctico y por otro lado algo que es muy místico, se ha convertido en algo que se involucra con ser extremista, dejando por un lado el hecho que si bien es cierto que Dios puede hacer que los cambios en tu vida sean en un segundo, también debes comprender que El establece procesos y que de alguna forma haya un despertar y se valore la nueva vida en el Señor Jesucristo, para que vayas detectando los cambios que alcances a vivir por tu consagración a Dios y la negación al mundo; de manera que cuando notas esos cambios, será más difícil el hecho que involuciones y lejos de eso sabrás que tu vida ahora es como la luz de la aurora que va de aumento en aumento hasta que llega a ser perfecta.

El Poder De Repasar o Reflexionar

Todo aquello en lo que más has pensado, más crecerá; por supuesto que el efecto será en lo positivo como en lo negativo que involucra la amargura, deseo de venganza, sentirte victimizado, etc., pero tiene ese efecto porque al no haber una poda sináptica, entonces se energiza.

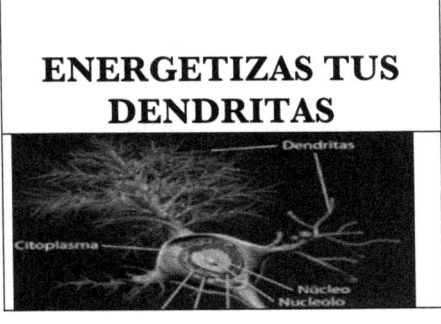
ENERGETIZAS TUS DENDRITAS

Esta situación tiene lugar cuando hay dialogismo, cuando tienes pensamientos contigo mismo, cuando llegan aquellas ideas que están siendo alimentadas por el, si hubiera…

> **1) La mente consciente:** alerta solamente al estar despierto.

> **2) La mente subconsciente:** nivel atento, es lo que te mantiene prevenido de los peligros.

La mente está estructurada en 3 niveles; la primera te alertará solamente durante el día podría decir; la segunda es la que te va alertar de los

> **3) La mente no-consciente:** trabaja las 24 horas del día.

peligros, el problema es que si ese nivel es burlado y logra pasar un peligro, entonces llegará a la mente consciente donde son las batallas del momento; eso significa que las batallas del momento vienen de más adentro de tu mente. La mente no consciente está alerta todo el tiempo, no duerme, forma del 90% al 99% de quién eres; eso significa que, el cerebro y el cuerpo son aproximadamente el 1% de quién eres, de manera que si de ahí vienen los recuerdos, es de ahí de donde se debe cambiar la forma de pensar.

> La energía tóxica de los pensamientos negativos se acumula si no es tratada, y finalmente explota afectando el modo en que piensas, sientes y decides de una manera descontrolada. Saber pensar, te ayuda a lidiar con pensamientos tóxicos y traumas a un pensamiento saludable para restaurar el balance y

Cualquier cosa que experimentes en la mente, también se experimentará en el cuerpo; si experimentas en la mente un buen pensamiento, tendrá repercusiones en tu cuerpo porque le estarás ministrando energía saludable.

la coherencia en la mente.

2 Timoteo 1:7 (LBA) Porque no nos ha dado Dios espíritu de cobardía, sino de poder, de amor y de **dominio propio**.

La frase, **dominio propio** en el idioma ingles, tiene una derivación psiquiátrica **(sound mind)** que al traducirla en español es, **mente saludable**, eso deja ver que, tener dominio propio es sinónimo de tener una mente saludable; eso significa que el dominio propio llega como consecuencia que estás cuidando tu mente a manera que solamente pase energía a tu cuerpo para hacerlo sentir saludable y que tengas el balance de la vida.

Al aprender a usar tu mente, sabrás dominarla. Por eso es necesario aprender a saber olvidar y pensar.

Eso nos ayudará a entender las divisiones de la mente y cómo esas partes se relacionan con la dinámica natural de los pensamientos.

Sólo hay 2 maneras de manejar la mente:

1.- Reactivamente
Usando así tu mente, terminarás enredando más tu manera de pensar; si padeces algo, buscarás vengarte.

2.- Proactivamente
Eso te llevará a limpiar tu enredo mental, esto sería como tomar un medicamento de forma preventiva, o sea, prevenir un mal.

Cuando una persona tiene enredos mentales, es cuando sus **emociones** están enredadas con su **voluntad** y **pensamientos.** Estos enredos se llaman ataduras que, en su génesis, podría ser que el que ató todo eso en tu vida, sea simplemente una persona, un evento; pero si has caído en un tormento por esos enredos, podría entrar un espíritu a ese escenario y lo que fue una atadura, pasa a ser un problema espiritual donde es necesaria la intervención de un ministro de Dios que tenga el conocimiento acerca de todo esto, para poder romper con esa atadura en el nombre de Jesús para neutralizar el espíritu que llegó y entonces se rompa ese enredo.

Aquí es donde hemos tenido la oportunidad de diferenciar la condición de una enfermedad mental llamada esquizofrenia o una esquizofrenia cuando hay de por medio un demonio porque lo que más se parece a una mente endemoniada, es la esquizofrenia; aunque eso no significa que en la esquizofrenia siempre haya un demonio. Por eso es necesario que el ministro de Dios que es llamado para que libere a aquella persona, conozca lo que es un trastorno mental sin espíritu, lo que es una fortaleza mental sin espíritu y distinguir lo que es una fortaleza demoniaca, aunque el trastorno mental y la fortaleza mental podrían también tener un demonio, pero insisto, el ministro de Dios debe saber distinguir cuando hay un demonio y cuando no lo hay.

A continuación describiré un esquema de la mente y cómo puedo describirla, para que tengas una idea de lo que sucede, dónde sucede y por qué; con el propósito que sepas dónde debes poner mayor atención a este respecto:

LA CARTOGRAFÍA DE LA MENTE

Mente diánoia #G1271	**Consciente**	Este es el nivel que permanece activo, cuando estás despierto, y es aquí que debes de ser proactivo, es decir, saber administrar deliberadamente e intencionalmente con cosas buenas. Aquí es cuando más debes ser proactivo, es el momento cuando llega por primera vez la información, lo que te cambiará la forma de pensar porque lo estás aceptando, sea esto por lo que ves, escuchas o lees, por supuesto que esto puede ser en lo positivo o en lo negativo.
Mente Nous #G3563	**Subconsciente**	Este nivel funciona como una autopista, es decir por donde los pensamientos transitan de la mente no consciente a la mente

			consciente.
Mente Cheder #H2315		**No Consciente**	En este nivel, la mente trabaja las 24 horas del día; es donde están almacenados todos los recuerdos; está conectada apuntando hacia la mente consciente, pero a la vez está enviado señales a la mente subconsciente para que se prepare a dejar que los recuerdos que tiene almacenados pasen. Aquí es donde está toda tu historia, todo lo que has padecido sea bueno o malo, aquí es donde están tus datos de cómo eras antes de padecer aquello que te hizo cambiar, tus momentos de la niñez, etc. Aquí es donde está el mayor porcentaje de la mente porque es lo que se viene repitiendo

		y recordando voluntariamente porque desconocías cómo funcionaba.
	Inconsciente	Esta no es una división de la mente, sino que, es lo que sufre la mente, por ejemplo: un golpe fuerte en la cabeza y pierde el conocimiento, surge también debido a intoxicación de alcohol y surge también cuando alguien está sedado con anestesia.

Repasar:
Escudriñar, Examinar, Reflexionar

En virtud de lo que has podido ver, debes saber que entre más aprendes acerca del diseño de tu mentalidad, más eficaz serás en la administración de tus pensamientos.

✓ La mente consciente va detrás de la mente no consciente por lo menos 10 segundos.

✓ Tu mente tiene la capacidad de autorregularse cada diez segundos.

✓ Tu cerebro neuroplástico necesita la autorregulación y prospera en ella.

La investigación neurocientífica, indica que puedes cambiar sólo aquello de lo que eres consciente, porque la consciencia debilita las estructuras del pensamiento en el cerebro, haciendo que sean más maleables al cambio.

El Poder De Repasar o Reflexionar

Jeremías 6:16 Así dice el SEÑOR: Paraos en los caminos y mirad, y preguntad por **los senderos antiguos cuál es el buen camino**, y andad por él; y hallaréis descanso para vuestras almas. Pero dijeron: "No andaremos en él."

✓ Es como el escenario cuando alguien está extraviado buscando una dirección, la mejor forma de reencontrar la ruta es volver al punto de donde se comenzó.

1 Timoteo 4:15 Reflexiona sobre estas cosas; dedícate a ellas, para que tu aprovechamiento sea evidente a todos.

Reflexiona: G3191 meletáo revolver en la mente: ocupar, pensar.

También significa: premedita, pensar una cosa detenida y cuidadosamente antes de hacerla.

Reflexionar es volver a transcribir tus pensamientos

Es tomar conciencia de la vida del pensamiento para poder modificar las redes neuronales, es decir, hacer que lo inconsciente se vuelva consciente, de modo que puedas ver lo nocivo del pensamiento y comprender por qué afecta tu vida.

Después puedes cambiar o reconectar estos recuerdos desde el punto de vista bíblico y científico.

✓ **Bíblico**: en lo espiritual este proceso se llama renovar la mente.

✓ **Científico**: este proceso se llama volver a transcribir de manera neuroplástica.

Filipenses 4:8 (R60) Por lo demás, hermanos, todo lo que es verdadero, todo lo honesto, todo lo justo, todo lo puro, todo lo amable, todo lo que es de buen nombre; si hay virtud alguna, si algo digno de alabanza, **en esto pensad**.

Esto significa que, si piensas en lo verdadero, honesto, justo, puro, amable entonces tendrás la oportunidad de volver a transcribir tu forma de pensar.

La Ciencia Del Pensamiento

Repasar lo escrito: reflexionar, escudriñar

- ✓ Estimula una importante actividad neuroplástica.
- ✓ El estado del cerebro es altamente animado y ágil.
- ✓ En condiciones para cambios maravillosos y positivos.
- ✓ Es el momento perfecto para el recableado de una nueva red de pensamientos.
- ✓ Se puede instalar los cambios que uno desea.
- ✓ Momento para diseñar un nuevo pensamiento saludable.
- ✓ Que reemplace al pensamiento negativo del cual deseas liberarte.
- ✓ Se puede rediseñar, reorganizar y recrear el pensamiento específico con el que estás batallando.

Es necesario que haya un esfuerzo para que todo esto se convierta en una realidad, de manera que es necesario que repases todo el libro más de una vez. Con lo que estoy finalizando este capítulo es una de las 5 cosas que requiere la transformación de la mente, me refiero a repasar, insistir en las cosas buenas para que sean instaladas en tu forma de pensar.

La invitación es para usar el proceso para cambiar la fortaleza mental, me refiero a la manera de <<autodiagnosticar – meditar – escribir – repasar y accionar>>; lo hagas durante 7 días con el propósito de establecer el primer patrón en tu manera de pensar, para después volverlo hacer en los siguientes 7 días hasta completar 63 días porque es ahí donde habrás establecido una estructura mental distinta que te ayudará en la transformación de tu vida para verla diferente, sentirte diferente y en poder ver lo valioso, hábil, productivo, creativo, bendecido que eres y entonces serás la persona de bendición para otras personas que no han logrado encontrar esta realidad.

Posiblemente haya quien diga que es muy complicado llevar a la realidad todo este proceso; lo que sucede es que de igual forma el reino de las tinieblas han trabajado en tu vida con engaño, el problema es que, por la sutileza con la que trabajan, nadie lo puede notar, de manera que para poderlo anular estableciendo un proceso estando consciente de eso, puede parecer difícil pero vale el esfuerzo que puedas hacer.

Muchos te dicen que cambies tu forma de pensar pero no te dicen cómo; hoy en este libro están los pasos que debes seguir en el nombre de Jesús; quizá sea la primera vez que lees un libro a este respecto pero es necesario hacerlo y saber que un día se hará práctico, la renovación de la mente se vuelve intencional, ordinario y disciplinario de manera que formará parte de tu diario vivir desde que te despiertas por la mañana con todo lo que haces, esto igualmente formará parte de ese diario vivir en el nombre de Jesús.

Accionar En La Base De Todo Lo Aprendido

Capítulo 10

l versículo que utilizaré para el desarrollo de este último capítulo, es el siguiente:

Salmo 23:3 Él restaura mi alma; **me guía por senderos** de justicia por amor de su nombre.

El Señor Jesucristo te lleva por senderos con el propósito que aprendas a olvidar, a pensar y transformar tu mentalidad; porque eso será como convertirte en el propio arquitecto de tu mente, donde verás el proceso de restauración de tu pasado, pero no para volver a vivir momentos dolorosos, sino que, recuperar en el nombre de Jesús, lo que el diablo te robó; de ahí entonces, saber lo que debes hacer durante 21 días para cambiar la mentalidad.

Es por eso que los 5 pasos de la renovación de la mente, es una forma de vida que debes asimilar y volverla un hábito, poder tener ciclos de 21 días repitiendo cada día los 5 pasos porque esos 21 días son el ciclo de una proteína.

Si adoptas los 5 pasos diarios durante 21 días, podrás repetirlo a lo largo de 1 año durante 17 veces aproximadamente.

- ✓ No hay otra forma para que se abra paso la renovación de la mente.

- ✓ Nadie lo enseña de esta manera, esta es la única forma.

- ✓ Si lo pones por obra estarás estrenando una nueva mente, principalmente cuando las cosas no han resultado como se han pensado o planificado; quisiéramos tener una nueva oportunidad la cual podrás tenerla a través de esta forma de vida.

¿Por Qué 21 Días?

Posiblemente en el pasado escuchaste que esto fue una práctica por algunas sectas como la llamada Nueva Era, los esotéricos, también podría llamar a los que son supersticiosos, 3 ramas diferentes que describían los 21 días como una fórmula o método para salir de crisis mentales; razón por la cual los ministros de Dios se abstuvieron se hacer mención a este respecto de forma directa y solamente se decía que en 21 días se forma un hábito, pero no había mucha libertad de poderlo enseñar porque era solamente una teoría y se sabía que algunas sectas lo practicaban y enseñaban de forma muy directa.

Sin embargo, al verlo desde la anatomía que compone el cuerpo humano, surge esta práctica a través de investigaciones donde identifican la llamada célula priónica la cual se mueve desde la molécula del ADN, recorriendo todo el cuerpo humano, de manera que un pensamiento lo convierte en memoria en 21 días; por supuesto que esto es nuevo de haberse descubierto científicamente, pero no en la realidad de lo que sucede con el sistema del cuerpo humano porque desde que Dios te diseñó, lo hizo con esta programación.

21 Días y 5 Los Pasos De La Transformación De La Mente

Daniel durante 21 días estuvo orando y confesando palabras de fe en orden de que su mente estuviera renovada.	Daniel 10:12-13
Daniel ayuno durante 21 días para tener una nueva estructura cerebral.	Daniel 10:2 -3

Daniel 10:12-13 Entonces me dijo: No temas, Daniel, porque desde el primer día en que te propusiste en tu corazón entender y humillarte delante de tu Dios, fueron oídas tus palabras, y a causa de tus palabras he venido. **13** Mas el príncipe del reino de Persia se me opuso por **veintiún días**, pero he aquí, Miguel, uno de los primeros príncipes, vino en mi ayuda, ya que yo había sido dejado allí con los reyes de Persia.

Una vez que has leído o escuchado esta historia, no cuestionas el por qué fueron solamente 21 días de aquella situación; sin embargo, después de todo lo que has aprendido, debes comprender que 21 días es una estrategia espiritual porque Daniel oró y confesó palabras de fe por 21 días donde tuvo oposición de parte de las tinieblas por lo que podía alcanzar en 21 días.

Daniel 10:2-3 En aquellos días, yo, Daniel, había estado en duelo durante **tres semanas completas**. **3** No comí manjar delicado ni entró en mi boca carne ni vino, ni usé ungüento alguno, hasta que se cumplieron **las tres semanas**.

Puedo decir que, en la antigüedad, por revelación de Dios, aquellos varones tenían ese mover que en la actualidad se ha complicado, principalmente porque al ser situaciones que tienen efecto como si fueran un principio, se cumplirá el que lo practique. Por supuesto que hoy día, la ciencia ha avanzado y han encontrado el detonante a este respecto, no obstante que en la Biblia ya estaba escrito.

Es por eso que, de los 5 pasos en el proceso para el cambio de forma de pensar, está el accionar a todo lo aprendido; es la razón del versículo base en este último capítulo, porque Dios restaura tu alma, guiándote con lo que debes hacer para alcanzar un estado verdaderamente efectivo; insisto en que no hay otra forma, porque no es como lo enseña el yoga pretendiendo que pongan la mente en blanco, no es con pretender lavarle el cerebro a la gente sino, por medio del proceso que estoy enseñándote.

Recuerda que la Biblia deja ver los diferentes procesos por los cuales puedes alcanzar las bendiciones que Dios te ha prometido. Si has pecado, confiesas, te apartas y entonces alcanzas misericordia, no está diciendo que si pecas alcanzas misericordia; hay procesos para la restauración y este que te estoy enseñando es uno de ellos con base bíblica como la has podido comprobar. Recuerda que el proceso es poniendo en práctica todo lo aprendido, pero también repitiendo por 21 días el proceso hasta llegar a 63 días donde encontrarás el cambio en tu forma de pensar, por supuesto que todo es por la gracia de Dios, por Su misericordia que puedes lograrlo, con fe en El.

Cuando una persona está esclavizada en una cárcel de pensamientos negativos, es afectada en su estado anímico, en su apetito, en su dormir y muchas otras cosas porque el plan satánico es destruirte, pero Dios te permite la revelación de cómo puedes salir de esa situación y comprobar esa vida abundante de Dios.

Cuando vivías en el mundo sin conocer a Jesús, eras guiado por tus propias emociones, como decir, ciegos guiados por otro ciego porque nunca faltó quien pretendiera decirte lo que debías hacer bajo un plan humanista, sin embargo llegó el momento en que conociste a Jesús y dimensionalmente eres llevado a un lugar donde te abren los ojos espirituales y puedes ver que las cosas no son como te las enseñaron, ya sea en la niñez por una costumbre, cultura, donde no había por qué dudar de lo que te decían porque de lo contrario era considerado como falta de respeto a tus mayores.

Pero un día llega Jesús y empieza ese proceso de restauración a tu vida, de manera que escuchas Su palabra, la crees en tu corazón y al llegar a tu mente, empieza la transformación de tu forma de pensar. Recuerda que las palabras tienen poder, de manera que puedes creer de forma positiva como también negativa y desarrollarse una bendición si son positivas y una maldición si son negativas; por supuesto que también hay algo que debes saber, tu vida es un receptor que encajará aquello que encuentre lugar en tu corazón.

La vida de Daniel es un claro ejemplo a ese efecto; él estaba en un lugar donde no honraban a Dios porque no lo conocían, sin embargo, eso no era motivo para adaptarse a las costumbres mundanas, consecuentemente no había receptor para lo que el adversario estaba dispuesto a lanzarle, a Daniel no le importó arriesgar su vida, al punto que lo llevaron a foso de los leones, pero no se contaminó en Babilonia.

Aplicado a tu vida, debes privarte de los malos recuerdos y de los malos pensamientos para que no se convierta tu mente en un receptor de aquello que le desagrada a Dios; por supuesto que Satanás seguirá trabajando para debilitarte, para contaminarte, para dañar tu mente, pero es ahí donde está el proceso para cambiar las malas influencias de las tinieblas, ¿cuál?, el proceso que estás aprendiendo en los 5 pasos que he estado enseñándote hasta llegar a practicar la nueva forma de pensar hasta que se vuelva en tu forma de vida.

Debes pensar que, en algún momento de tu vida se convirtió en tu forma de vida el hecho de recordar los momentos dolorosos, el miedo, la soledad, la tristeza; ni siquiera fue algo que te esforzaras porque llegara a tu vida, se había convertido en tu forma de vida; ahora es necesario adoptar la nueva forma de pensar hasta que verdaderamente se convierta en tu forma de vida, lo que practicas a diario.

Filipenses 4:8 (R60) Por lo demás, hermanos, todo lo que es verdadero, todo lo honesto, todo lo justo, todo lo puro, todo lo amable, todo lo que es de buen nombre; si hay virtud alguna, si algo digno de alabanza, **en esto pensad**.

Este versículo deja ver el significado de lo que estoy enseñándote, lo cual es accionar sobre lo bueno, por supuesto que para eso es necesario aprender a despojarte del peso y del pecado que, según dice la Biblia, tan fácilmente te envuelve **(Hebreos 12:1)**. Lamentablemente la parte humana que está impulsada por el alma convierte a todo ser humano a ser presa fácil del pecado, pero debes pensar que Dios te ha ministrado un espíritu de poder, amor y dominio propio **(2 Timoteo 1:7)**; entonces debes pensar en que, de parte de Dios tienes dominio propio para resistir la tentación en el nombre de Jesús.

Posiblemente alguien haya accionado contra ti y eso despierte deseos de venganza; es una situación que incluso puede tener lugar dentro de la cristiandad, un cristiano accionando contra otro cristiano, pero recuerda que, primero, dice la Biblia que la venganza es de Dios **(Romanos 12:19, Hebreos 10:30)**, además dice que es El quien juzgará a Su pueblo, a Su Iglesia. Un ejemplo a este respecto lo puedes ver entre Saúl y David, aunque David pudo vengarse de todo lo que Saúl le hizo, no cobró venganza ni permitió que su mente se llenara de odio, no permitió que ningún pensamiento negativo desagradara a Dios en lo que Saúl estaba propiciando, sino que, dejó que Dios juzgara aquella situación **(1 Samuel 24:12-15)**.

Eso me deja pensar que, no se trata de que cambies al mundo, sino que seas tú el que cambie su forma de pensar, que el mundo lo note y si hay alguien con un buen espíritu, sea entonces tu testimonio el que atraiga a otros a los pies de Cristo. Posiblemente tengas 50 años de estar en la carrera cristiana, pero si no has logrado cambiar tu forma de pensar, podría decir que no has avanzado mayor cosa; quizá has cambiado tu léxico y tus acciones sean diferentes, pero si no has cambiado tu forma de pensar, tus batallas continuarán. Dios desea que seas libre de toda cautividad mental a consecuencia de lo que hayas vivido en tu pasado.

El Poder De La Acción

Accionar es aplicar lo que has aprendido de algún modo tangible, es preguntarte a ti mismo, qué puedes hacer para demostrarte que vas a cambiar tu manera de pensar; estas decidido a transformar tu manera de pensar.

Aquí es donde entra tu responsabilidad porque entra el accionar donde eres tu propio maestro, ahora comienzas a asegurarte que lo que harás, es lo aprendido en lo que te corriges a ti mismo por tus nuevas acciones.

Las acciones te llevan a los resultados literales, físicos y neuronales del cambio de mentalidad.

Los primeros cuatro pasos debilitan la estructura de la red sináptica o las ramas de los árboles de los pensamientos.

- ✓ Es como un viento recio que sopla sobre las ramas de esos árboles de pensamiento y las arranca.

- ✓ El quinto paso es poderoso porque permite que suceda ese cambio a través de la acción.

A veces se tiene el problema de querer cambiar, pero no se puede si no se cambia la forma de pensar; por eso, si quieres cambiar algo, cambia ese pensamiento.

El Principio De La Acción

Permítete sentir qué es verdad, porque se puede tener toda la evidencia lógica, razonable y científica, pero no creerás que algo sea verdad a menos que el sistema límbico de tu cerebro, el lugar central de tus emociones, te permita sentir que es verdad.

Nadie puede imaginar y sentir de una manera y hablar de otra, sin que opere una falta de integridad en el cerebro, por eso es vital cambiar el cerebro en forma estructural.

Un ejemplo de integridad podría mencionarlo entre la boca y el corazón:

Romanos 10:9 ...que **si confiesas con tu boca** a Jesús por Señor, **y crees en tu corazón** que Dios le resucitó de entre los muertos, serás salvo...

Por eso es necesaria la acción porque si solamente escuchas o lees y lo guardas en tu memoria, ahí se quedará sin ningún provecho, pero si lo pones en práctica, alcanzarás a tener la bendición de aquello positivo en tu vida. Si continúas llenando tu memoria de más información a este respecto sin ponerlo en práctica, te podría llevar a tener infoxicación, esto se debe a que el cerebro se llena de información y no tiene un mapa cerebral por no procesarlo, no tiene una estructura adecuada por no tener una nueva mentalidad.

Sistema Límbico

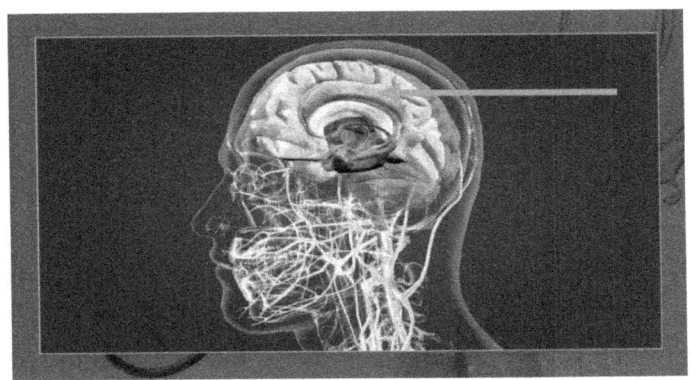

La parte que está señalada con una flecha, es donde se comprueba a través de la acción que toda la teoría que has acumulado, es verdad. Es por lo que accionar es aplicar los principios de la renovación de la mente, el accionar es la parte final de este proceso en donde pondrás tu fe en acción, si no hay una acción, difícilmente verás los resultados que deseas en el cambio de tu mente.

En la Biblia encuentras lo siguiente:

- ✓ Sin fe es imposible agradar a Dios. (**Hebreo 11:6**)

✓ La fe sin obras esta muerta. (**Santiago 2:26**)

Entiendo que exista gente con enseñanzas muy radicales y que pongan en tela de duda todo esto porque podrían pensar que es demasiada teoría, pero realmente lo que estás aprendiendo son los procesos de cómo llegar a determinado punto en tu mente, que en este caso es, renovar tu mente.

Como ya lo describí, Dios permite que haya procesos en las cosas que El hace; pudiendo hacerlo en un segundo, se toma el tiempo necesario en días, meses o años para que puedas notar lo que dejaste y lo que estás recuperando de una mejor forma, más fuerte, para que los engaños del enemigo no te hagan retroceder; porque Satanás seguirá lanzando su ataque, si hoy lograste tener un cambio de mente, él regresará con algo más fuerte para hacerte retroceder, es por eso que necesitas estar renovando tu mente día con día para que las cosas por pequeñas que sean, logres discernirlas y desechar lo que no venga de parte de Dios.

Debo insistir entonces en que es a través de los procesos que Dios permite en tu vida, que vas recuperando lo que el diablo te quitó y que a la vez vayas formando carácter de cristiano maduro y firme en la sana doctrina, que cuando venga un viento de falsa doctrina, sea detectado en el nombre de Jesús y desechado rápidamente.

Por supuesto que todo eso conlleva al hecho que haya responsabilidad en la nueva generación de cristianos, en los jóvenes que necesitan ser alertados desde muy temprano para que no sean víctimas de engaño en manos del adversario y que una vez se tenga asimilado este tipo de enseñanza, puedan trasladarla a la siguiente generación.

Las Acciones Nos Conectan A Resultados

Accionar es practicar la nueva forma de pensar hasta que se convierta en una forma de vida cotidiana.

Lucas 15:18-20 "Me levantaré e iré a mi padre, y le diré: 'Padre, he pecado contra el cielo y ante ti; [19] ya no soy digno de ser llamado hijo tuyo; hazme como uno de tus trabajadores.'" [20] **Y levantándose, fue a su padre**. Y cuando todavía estaba lejos, su padre lo vio y sintió compasión por él, y corrió, se echó sobre su cuello y lo besó.

Las acciones basadas en el progreso que se alcanza en los primeros 4 pasos hacen lo siguiente:

- ✓ Uno de los ejemplos de accionar es la historia del hijo pródigo.

- ✓ Empezó en su mente con el dialogismo que se levantaría.

- ✓ Hasta que tomó la decisión de accionar en su proceso de desarrollo en su renovada mente.

- ✓ Cuando tienes la disposición de tener el cambio en tu forma de pensar; estás acercándote al trono de la gracia de Dios, porque realmente no es fácil pero tampoco imposible si lo haces con la ayuda del Espíritu Santo.

- ✓ El hijo prodigo tuvo que dejar aquello que lo había atrapado en un mundo de desorden, para volver y retomar lo que le pertenecía.

- ✓ Cuando tienes una fortaleza mental que te ha desviado del camino correcto, debes dejarlo en el nombre de Jesús y retomar tu verdadera identidad por cuanto fuiste creado a imagen y semejanza de Dios.

- ✓ Si tienes la mente de Cristo (**1 Corintios 2:16**), debes validar esa situación para que todo aquello que te es contrario, sea desalojado de tu mente porque de lo contrario, estarás dependiendo de algo que no viene de Dios y eso mismo te privará de la realidad de esa identidad que tienes en Cristo.

La operación en el cerebro

Cuando accionas se activa una ráfaga de operaciones en esos árboles mentales como dendritas, sinapsis o pensamientos.

Desde el punto de vista neurocientífico, se dice que la repetición de una cosa durante 3 semanas ayuda a convertirlo en una costumbre, integrándolo más fácilmente en un hábito.

✓ El hijo prodigo trabajó en su mente durante 21 días basado en el ciclo de la proteína que permite crear los mecanismos nuevos de los hábitos y relativamente a los comportamientos, eso es posible porque intervienen varias regiones del cerebro.

Lucas 15:21 Y el hijo le dijo: "Padre, he pecado contra el cielo y ante ti; *(arrepentimiento = cambio de mentalidad)* ya no soy digno de ser llamado hijo tuyo."

La Velocidad De La Renovación De La Mente

Es por lo que, poniendo por obra los 5 pasos del proceso que estoy enseñándote, en los próximos 21 días podrías experimentar una renovación de la mente. A manera de consideración, debes saber que hoy día se puede medir el ciclo de 21 días de las proteínas, que convierten los pensamientos a memoria.

Puedes considerar también la velocidad que toman que los pensamientos o dendritas o árboles mágicos para que boten sus ramas a través de una ráfaga de energía que ayuda a la construcción de nuevos recuerdos.

Pero también debes considerar que, los 21 días en lo que estoy haciendo mucho énfasis, es porque es un proceso que no le pertenece a los esotéricos o a la Nueva Era o a una teoría perdida; ahora es un asunto que servirá para que exista entendimiento internamente de cómo fuiste diseñado por Dios y que de esa forma puedas tener un cambio en tu manera de pensar.

Los Árboles De La Mente

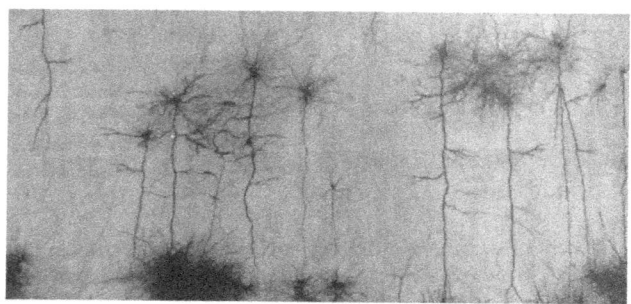

Esto es la representación esquemática de las neuronas; son pensamientos agrupados como árboles en un bosque.

✓ Las neuronas y las dendritas del cerebro tienen una estructura similar como un bosque masivo de árboles enredados.

✓ Los científicos hacen referencia a ellos como "los árboles de la mente", cambian y crecen como respuesta a tus experiencias.

✓ Las neuronas son las partes más obscuras y las dendritas son las ramas más delgadas.

✓ Si eso es cierto y sucede en tu vida diaria, aunque no logres percibirlo, se seguirán llenando de experiencias, crecerán como un árbol si contribuyes en tu forma de pensar de acuerdo a la experiencia que estás teniendo, y cada vez más profundas.

✓ Si accionas con todo lo que te he estado enseñando, cambiarás las dendritas y pensarás diferente.

Las acciones en el quinto paso botan las ramas a través de una ráfaga de energía que ayuda a la construcción de nuevos recuerdos, porque la información interna y externa vuela por esos árboles, a velocidades tan rápidas que los científicos calculan que esas velocidades están en torno a 1027 operaciones por segundo. Por eso no debes ignorar las artimañas del adversario y cuando detectes un engaño, por pequeño que parezca, debes desecharlo en el nombre de Jesús porque internamente puede estarte causando una preparación para que haya en ti una batalla interna que te estará quitando la paz.

Es muy interesante que ese tipo de ataques la mayoría de las personas lo pasen por alto, no le brinden la importancia necesaria, razón por la cual en la actualidad hay estadísticas muy altas acerca de gente con problemas mentales porque no han llegado al conocimiento de cómo poder cambiar su forma de pensar; aunque esto es una responsabilidad personal, casi nadie le brinda la atención necesaria; peor aún, no pueden enseñarle a sus hijos a ese respecto porque no han podido experimentar ese cambio.

Recuerda esto:

✓ Las cadenas de neuronas:

Cada persona construye cadenas de neuronas cada vez que recibe información o pasa algún evento impactante en su vida.

✓ Las neuronas:

Estas cadenas de neuronas son las que forman la memoria.

¿Cómo opera el escudriñar de Dios en el corazón?

Las neuronas son escudriñadas:

- ✓ Dios busca archivos fracturados en tu mente o corazón.

- ✓ Dios busca neuronas dañadas de información negativa o eventos negativos.

- ✓ Dios busca páginas de información de eventos, páginas dobladas y arrugadas para trabajar con esa información en orden de sanarlas porque El conoce cómo eres originalmente.

Salmos 139:13 (RVA) Porque tú formaste mis entrañas; me entretejiste en el vientre de mi madre.

Accionar En La Base De Todo Lo Aprendido

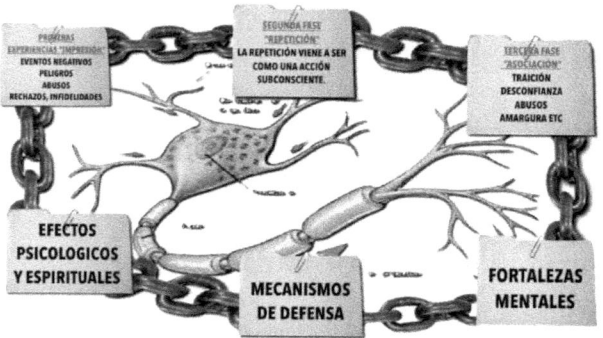

Este esquema viene a representar las neuronas llenas de información que contienen muchos datos de situaciones del pasado y las consecuencias. Las primeras carpetas de arriba representan eventos, experiencias, dolores, después la fase de la repetición y por último la asociación o sea, con qué asocias cada experiencia que a la vez lleva a que haya fortalezas mentales, mecanismos de defensa y efectos psicológicos, espirituales y físicos. Por eso insisto en que la acción es de suma importancia.

La Acción Ejecuta La Poda Sináptica Final

Las neuronas que utilizas con mayor frecuencia, desarrollan conexiones más fuertes, sin embargo las que nunca o rara vez se utilizan, eventualmente mueren; es decir, no sigas usando el pensamiento negativo para que muera, eso es podarlo.

El Cambio De Mente

Cambia El Cerebro

El proceso del cambio de mente y cambio del cerebro se conoce como la poda sináptica.

- ✓ El cerebro tiene la capacidad de reorganizar sus rutas neuronales, crear nuevas conexiones e incluso crear nuevas neuronas, como en el hipocampo.

- ✓ A medida que ganas en experiencias y nuevas conductas, las conexiones sinápticas se fortalecen, mientras que, las que no se usan, son eliminadas.

Tu cerebro cambia y se acomoda a la forma de vida, de pensamientos, de ideas que escojas seguir; si no se poda o no haces que muera aquello en lo que más piensas, crecerá. Lo que sucede es que siempre que se toma una decisión, construyes reacciones en tu cerebro como pensamientos reales y físicos.

Esta capacidad del cerebro para cambiar es el resultado del trabajo de la mente, se le denomina neuroplasticidad. Cada vida es única, y las experiencias que vives, hacen que tu cerebro cambie físicamente.

¿Qué Debes Podar?

Esto es crucial para que la vida fructifique, por ejemplo, cuando alguien peca, es cuando ha puesto su energía en algo que no lleva fruto, por consiguiente, debe ser podado. Observa una lista de las cosas más directas que debes podar:

- ✓ **Podar las malas actitudes**
- ✓ **Podar las tentaciones** – a través de la ministración y no llevarlas en secreto; por consiguiente, puedo decir que las tentaciones no son pecado pero si son el motor que lleva a pecar, pero en la ministración llega el socorro del Espíritu Santo a través de alguien que ore por ti y rompa con ese poder de las tinieblas sobre tu vida. En ese momento se neutralizarán los pensamientos y deseos, pero considera que debes dar ese paso llamado ministración del alma.
- ✓ **Podar las malas costumbres**
- ✓ **Podar los malos hábitos**
- ✓ **Podar los vicios**
- ✓ **Podar los malos deseos**
- ✓ **Podar las malas intenciones**

En la medida que realice las podas en tu vida de estas cosas, la bendición de Dios comenzará a llegar.

El Poder De Las Acciones

Cuando podas estás cambiando tu interior:

Efesios 4:23 …y que seáis renovados en el espíritu de vuestra mente…

En otra versión de la Biblia dice;

Efesios 4:23 …y se renovará continuamente en el espíritu de tu mente [teniendo una actitud mental y espiritual fresca e inmaculada]…

Cada acción buena, positiva, sana, correcta, espiritual produce que se cambie la actitud mental.

Otro ejemplo del poder de las acciones es el perdón, no es solamente la decisión de perdonar, sino el perdón en acción. Cuando llevas a la acción el perdón, se destruyen millones de dendritas y neuronas que contienen el pensamiento de resentimiento, dolor, temor, etc. Por supuesto que no es fácil perdonar, principalmente cuando hubo de por medio una injusticia, pero Dios desea que aquella herida que has llevado sea cicatrizada y quede eso precisamente, sólo la cicatriz para que al verla, recuerdes aquello que pudiste superar en el nombre de Jesús.

¿Qué Es El Perdón?

✓ Perdonar es un proceso.

- ✓ Perdonar es renunciar a un sentimiento negativo.
- ✓ Perdonar es renunciar a la deuda.
- ✓ Perdonar es no ser más la víctima.
- ✓ Perdonar es renunciar al castigo.
- ✓ Perdonar es dejar que Dios obre en justicia.

En este último punto, cuando alguien agrede olvida y cree que la persona a la que ofendió ya lo olvidó también, pero eso no es cierto; llegará el día en que Dios le pedirá cuentas a esa persona.

¿Qué Produce El Perdón?

- ✓ Liberación del dolor.
- ✓ Liberación del pasado.
- ✓ Liberación de una persona o evento.
- ✓ Liberación del resentimiento.
- ✓ Liberación de la culpa.
- ✓ Liberación del tormento.

En pocas palabras puedo decir que el perdonar traerá liberación a la persona que ofendió como al ofendido; es como un regalo que tú te permites cuando has sido ofendido, de manera que cuando decides verdaderamente perdonar, suceden cosas extraordinarias dentro de ti:

	Tú cerebro tiene neuronas
En ese momento tiene lugar este proceso:	**Las neuronas son las que se encargan de procesar toda la información.**
	Ochenta mil millones de neuronas te caben en la cabeza
	Para poder pensar el cerebro usa una forma que se llama SINAPSIS.
	Sinapsis es la comunicación entre neurona y neurona
	Por ejemplo, cuando

Accionar En La Base De Todo Lo Aprendido

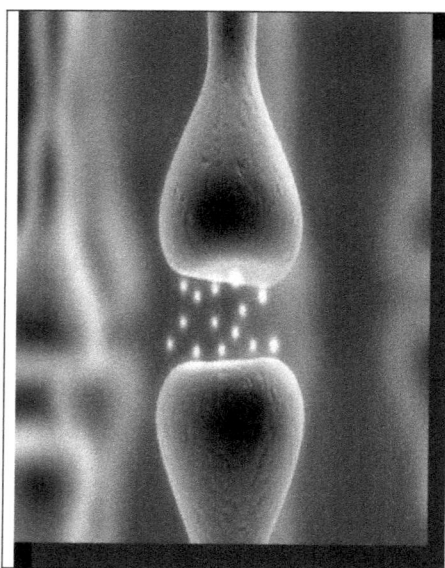

sumamos uno más uno, las neuronas se encienden, se juntan y hacen un circuito

Los puntos que puedes ver entre una neurona y otra, es cuando se están diciendo que tuviste la decisión de perdonar y que se siga esa comunicación porque es una nueva actitud o accionar. Eso deja ver que el hecho de perdonar no es solamente de razonar, sino que está cambiando todo tu organismo.

	Cada acción llega a tener 4 mil millones de millones de sinapsis
	Cada neurona tiene aproximadament

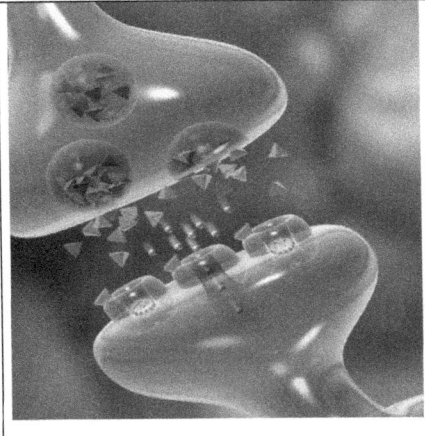

e 50,000 sinapsis y hay 80 mil millones de neuronas

Es como que pusieras a dos tercios de la población mundial a hablar entre ellos al mismo tiempo.

Así es como piensas:

- ✓ Los neurotransmisores son sustancias químicas que producen el impulso eléctrico de información de una neurona a otra.

- ✓ Las neuronas se comunican con otra por electricidad.

Al hablar obscenidades o vulgaridades como malas palabras, se profana la capacidad verbal con la que Dios dio Su soplo de vida:

Santiago 3:11 ¿Acaso una fuente por la misma abertura echa agua dulce y amarga?

- ✓ La acción de cuidar lo que hablas.

✓ Cuidar de no hablar palabras negativas.
✓ Recuerda que las palabras negativas son repeticiones del pasado.

Por ejemplo: las palabras.

No basta sólo decir que ya no hablarás mal, sino que, en verdad ya no hablar mal.

Las palabras impactan en tu propia mente y forman imágenes que llevan a ciertas conductas positivas o negativas.

Las Palabras Negativas Afecta La Capacidad Verbal

Científicamente los lingüistas han descubierto que las groserías provienen de una zona del cerebro completamente diferente de cualquier otra forma de comunicación oral. Las investigaciones demuestran que los niños comienzan a pronunciarlas cuando cumplen 6 años o incluso antes.

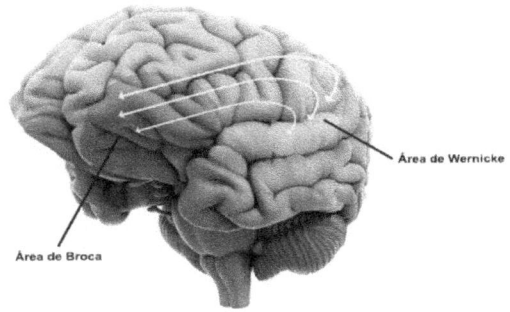

El lenguaje normal o formal se encuentra en estas áreas llamadas: área de Broca y área de Wernicke

- ✓ Parece que para el cerebro las malas palabras ni siquiera son palabras, sino grumos de emoción.

- ✓ De hecho, no están almacenadas donde se halla el resto del lenguaje, sino que se encuentran en otra área completamente distinta.

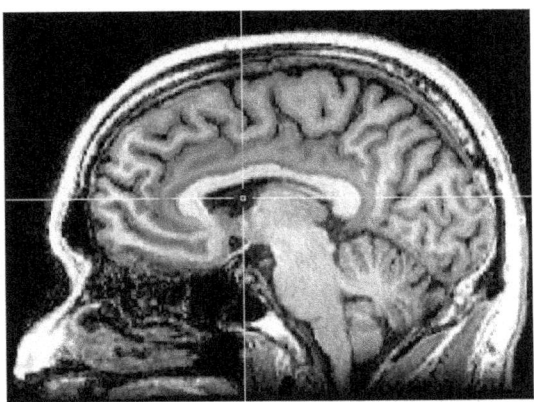

Aparentemente están almacenadas en el sistema límbico, un complejo sistema de redes neurológicas que controla y dirige las emociones.

- ✓ Limitan la habilidad y capacidad verbal.

- ✓ El cerebro se limita, se pone lento buscando otra palabra más sana y al no encontrarla limita la creatividad.

- ✓ Es como que el cerebro estuviera afectado por alguna droga que le hace procesar de manera lenta la información.

- ✓ Busca y al no encontrar la palabra adecuada es cuando se profana la capacidad verbal.

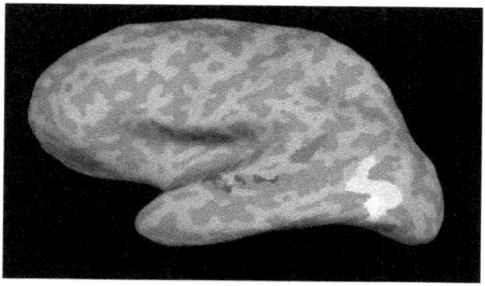

Las partes rosadas son las zonas del vocabulario o capacidad verbal donde busca el cerebro la palabra negativa y al no encontrarla se pone lento limitando así el habla porque los sensores neutrales son bloqueados.

Capacidad verbal

La limitación verbal por el lenguaje obsceno es considerada igual que la disfasia, afectadas por una pérdida o trastorno del habla, generalmente presentan daño en el hemisferio izquierdo y tienen dificultades para hablar.

Limitación creativa

Las personas muy groseras han sido calificadas desde hace un tiempo, como menos competentes y menos creíbles.

La capacidad verbal será limitada: como tener limitaciones verbales.
La creatividad es bloqueada: deficiente en realizaciones.
Las lenguas espirituales son afectadas: problemas para hablar lenguas.
La imaginación es negativa o prejuiciada: no hay receptor para la revelación.
La fe viene a ser fingida: la fe verdadera requiere buena imaginación para ver por adelantado lo que Dios revela.
La voz es el vehículo de lo negativo en el ser humano: se llena con lo que habla.
Las palabras negativas vienen a ser parte del alma: viene a ser la personalidad.

El Poder De La Repetición De Las Buenas Palabras

Las palabras nuevas, de acuerdo con una mente renovada, son de suma importancia que las establezcas a través de la pronunciación.

Éxodo 13:9 Y te será como una señal en tu mano, y como **un recordatorio en tu frente**, para que la ley del SEÑOR **esté en tu boca**; porque con mano fuerte te sacó el SEÑOR de Egipto.

Los estudios sobre adultos que aprenden una segunda lengua, dicen que en el ejercicio de repetición cotidiana de las nuevas palabras durante 21 días, sirven para consolidar su memorización en las redes neuronales.

Biblioteca De Guerra Espiritual Para Combatientes De Liberación

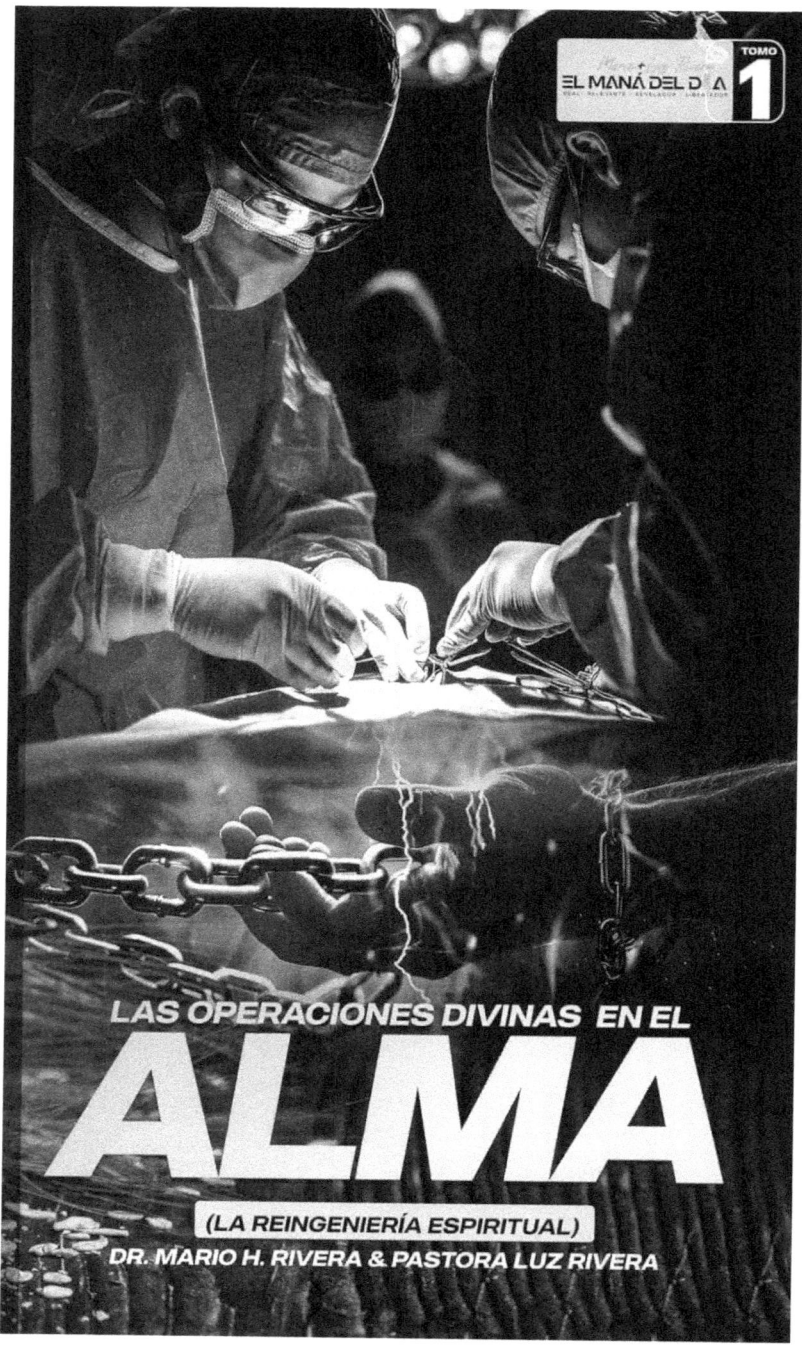

SERIE: EQUIPAMIENTO INTEGRAL PARA COMBATIENTES DE LIBERACION #16

LA GUERRA ESPIRITUAL DEL
SEGUNDO CIELO
EL PROTOCOLO DEL TRIBUNAL PARA LA LIBERACION

DR. MARIO H. RIVERA / PASTORA LUZ RIVERA

Las Batallas Del Alma Adicta

LAS ADICCIONES QUE NO SON RECONOCIDAS COMO ADICCIÓN

DR. MARIO H. RIVERA
PASTORA LUZ RIVERA

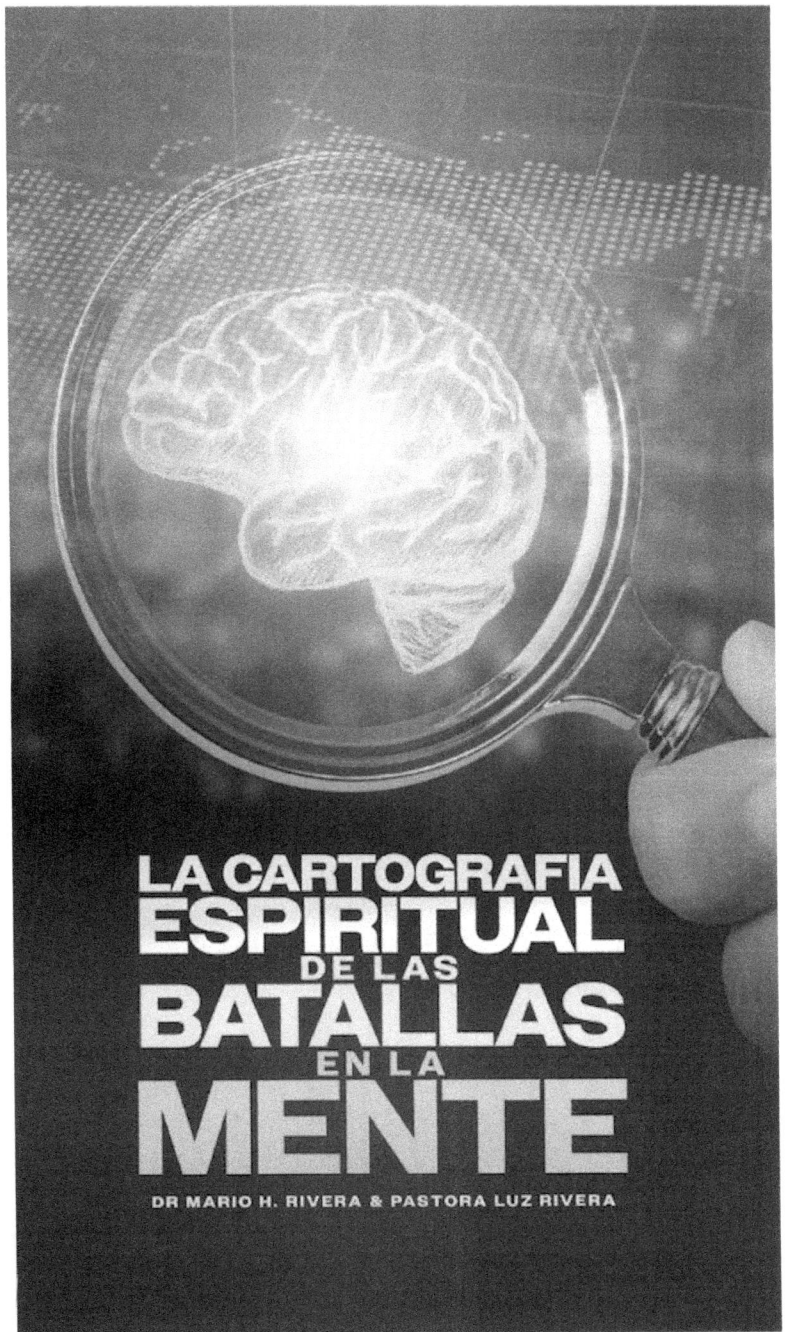

ESCUELA DE INTERCESORES
SEGUNDO NIVEL

DR MARIO H. RIVERA

ESCUELA DE INTERCESORES
PRIMER NIVEL

APÓSTOL MARIO H. RIVERA

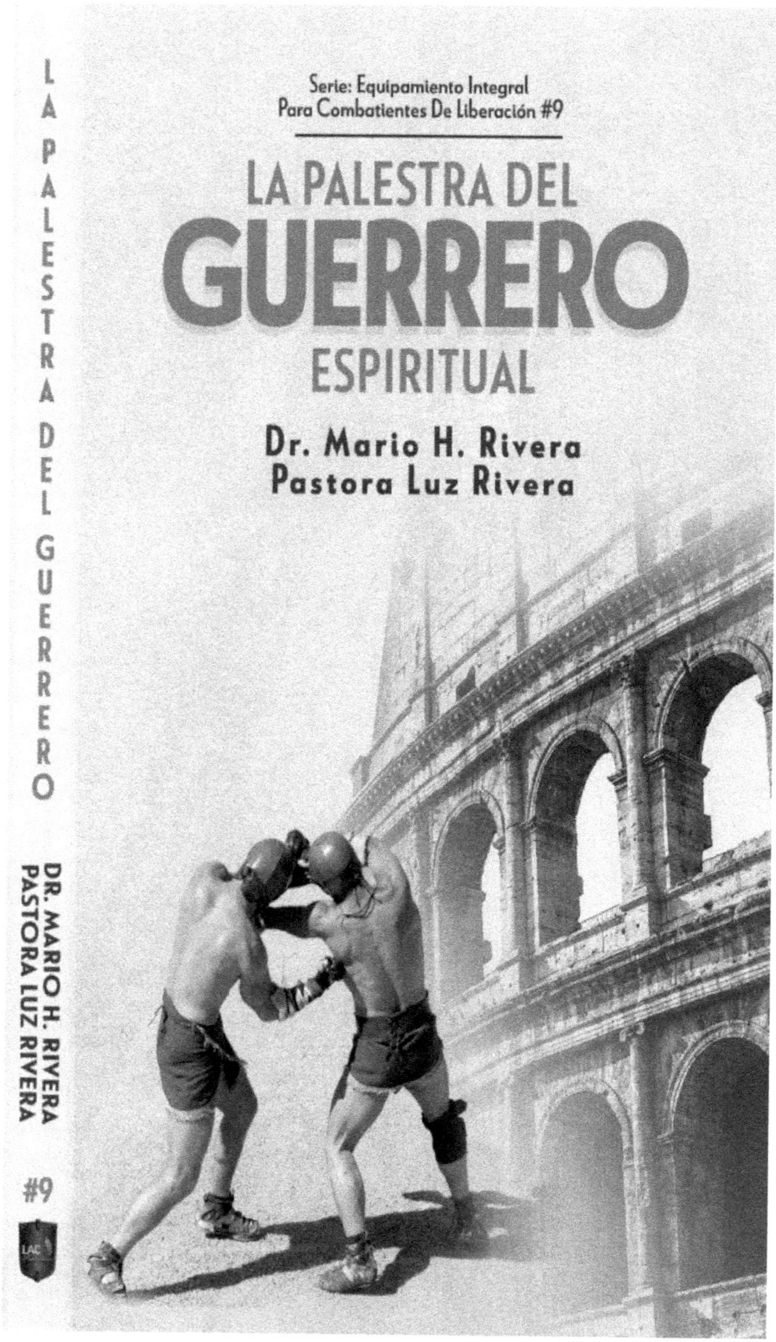
LA PALESTRA DEL GUERRERO
DR. MARIO H. RIVERA
PASTORA LUZ RIVERA
#9
Serie: Equipamiento Integral
Para Combatientes De Liberación #9
LA PALESTRA DEL
GUERRERO
ESPIRITUAL
Dr. Mario H. Rivera
Pastora Luz Rivera

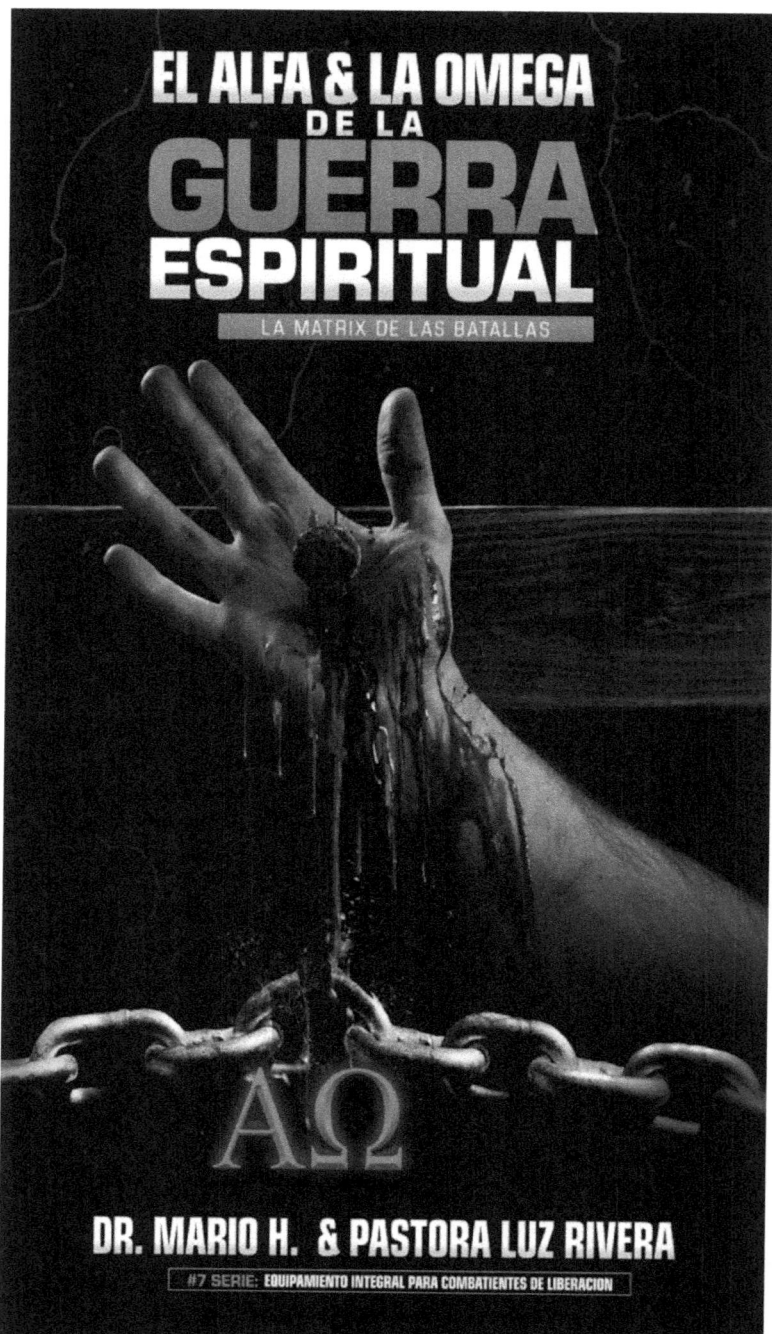

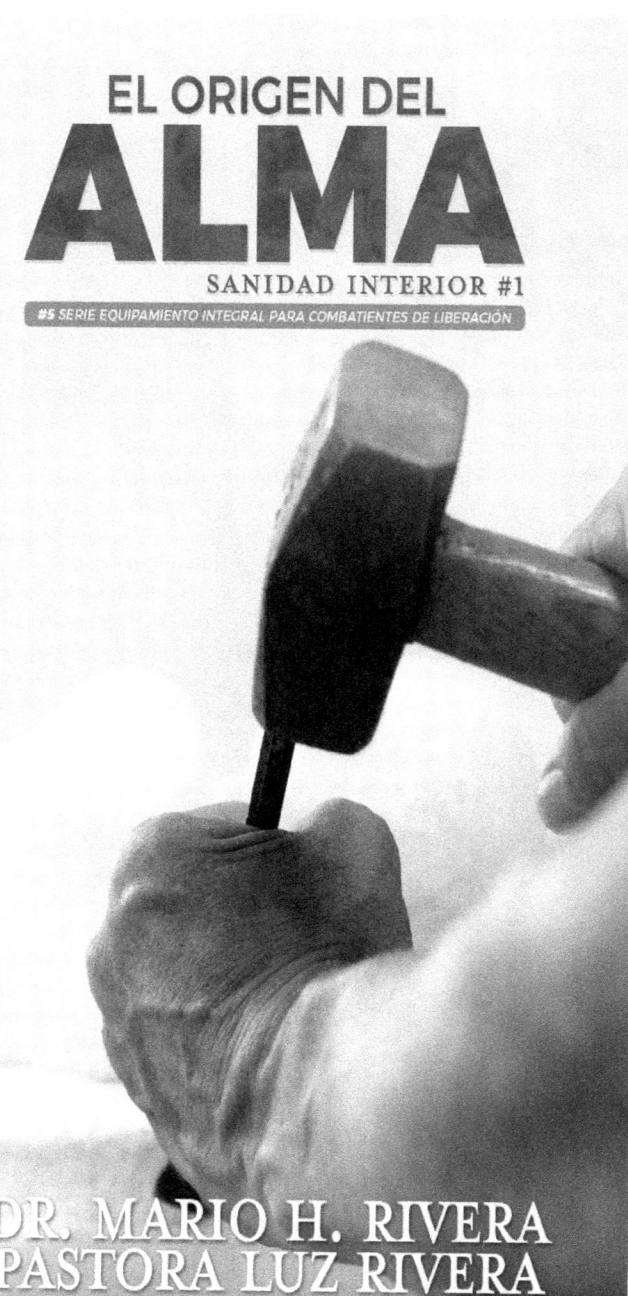

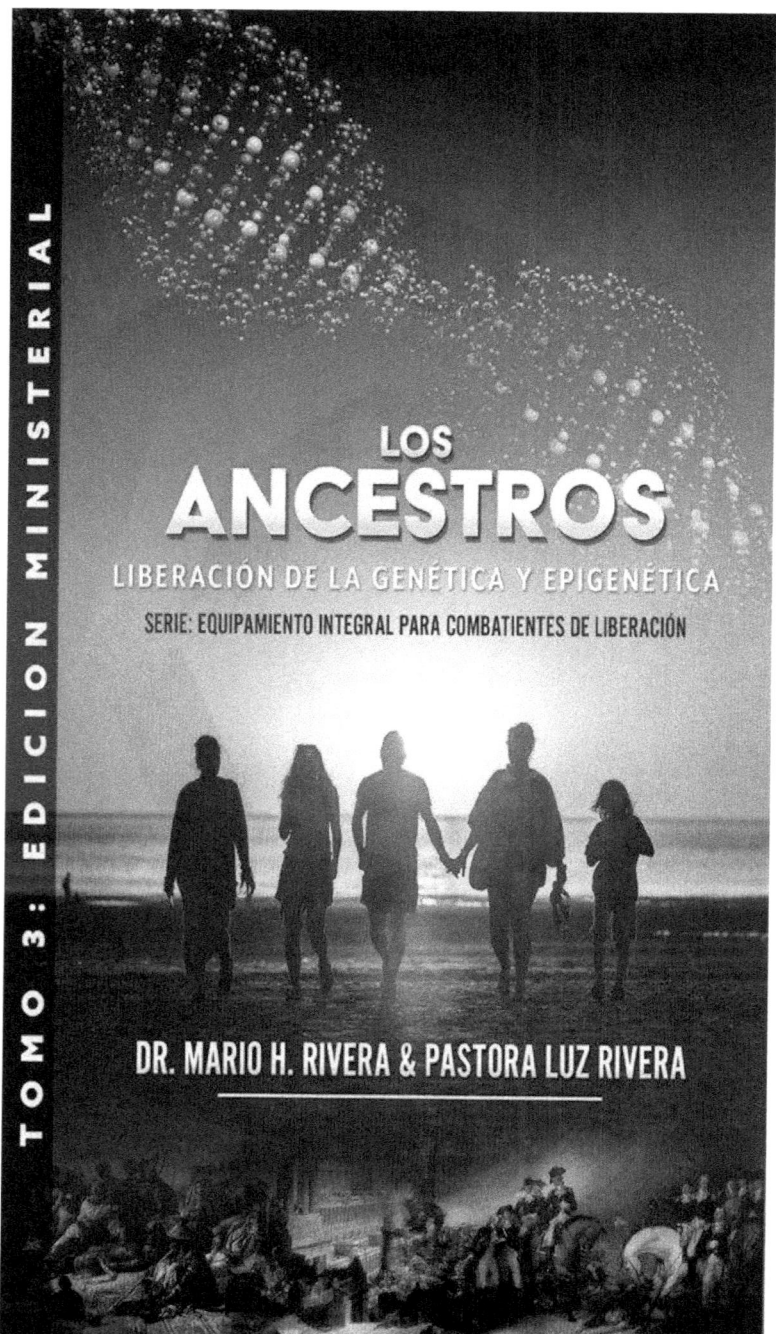

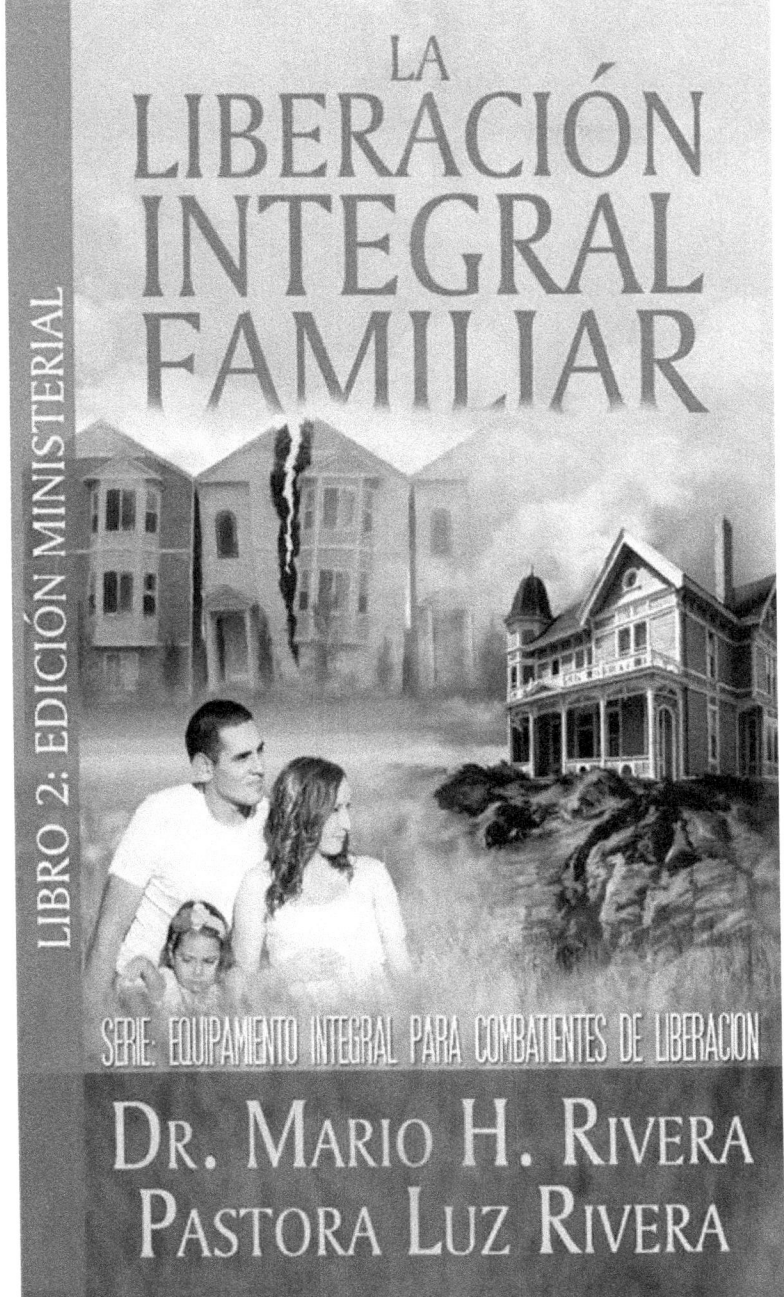

www.ingramcontent.com/pod-product-compliance
Lightning Source LLC
Chambersburg PA
CBHW051039160426
43193CB00010B/995